新版

クレヨンしんちゃんのなんでも百科シリーズ

まんが クレヨンしんちゃんの

日《に》本《ほん》の歴《れき》史《し》 おもしろブック 1

旧石器時代〜鎌倉時代前期

キャラクター原作／臼井儀人
監修／山田 勝
編集・構成／造事務所

双葉社

この本《ほん》の見方《みかた》

この本《ほん》では、旧石器時代《きゅうせっきじだい》・縄文時代《じょうもんじだい》から鎌倉時代《かまくらじだい》（前期《ぜんき》）までを、10の時代《じだい》（ブロック）に分《わ》けてしょうかいします。各時代《かくじだい》は、トビラ（各時代《かくじだい》のもくじ）、まんが、この時代《じだい》のヒーロー・ヒロイン、トピックス、イラストの４つでできています。

1 トビラ（各時代《かくじだい》のもくじ）

その時代《じだい》の名前《なまえ》と、どんなヒーロー・ヒロインが登場《とうじょう》し、どんなトピックスがあるかをしょうかいします。きょうみのあるところから、読《よ》んでみましょう。

2 まんが

しんちゃんたちが、その時代《じだい》をぶたいに大活躍《だいかつやく》します。ヒーロー・ヒロインや時代《じだい》のふんいきを知《し》りたければ、まずはじめに読《よ》んでみましょう。

3 この時代《じだい》のヒーロー・ヒロイン

その時代《じだい》に活躍《かつやく》したヒーロー・ヒロインの生《お》い立《た》ちや、活躍《かつやく》ぶりをしょうかいします。その時代《じだい》の大《おお》きな流《なが》れもわかります。

4 トピックス

その時代《じだい》に起《お》こった事件《じけん》、また重要《じゅうよう》な人《じん》物《ぶつ》、有名《ゆうめい》な建物《たてもの》、さらに衣《い》・食《しょく》・住《じゅう》の文《ぶん》化《か》などを文章《ぶんしょう》でしょうかいします。

5 イラスト

トピックスのなかで、とくにイラストで説明《せつめい》するとわかりやすいものを選《えら》び、解《かい》説《せつ》します。

この本《ほん》を読《よ》んでいるみなさんへ

きみは、卑弥呼《ひみこ》とか源頼朝《みなもとのよりとも》、織田信長《おだのぶなが》などの歴史《れきし》のヒーロー・ヒロインのことを知《し》っているかな？　ぼくらの住《す》む国《くに》・日本《にほん》には、とっても古《ふる》くから続《つづ》く歴史《れきし》があり、そのなかで、たくさんの人物《じんぶつ》が活躍《かつやく》しているんだよ。

人物《じんぶつ》だけじゃないぞ。たとえば、奈良《なら》にある大仏《だいぶつ》さんのことは、きみも写真《しゃしん》などで見《み》たことがあるだろう。あの大仏《だいぶつ》は、とっても昔《むかし》に建《た》てられたものなんだ。当時《とうじ》は、今《いま》のように科学技術《かがくぎじゅつ》が進歩《しんぽ》していたわけではないから、つくり上《あ》げるのはたいへんだったろうね。

この本《ほん》では、そんな日本《にほん》の歴史《れきし》を、時代《じだい》ごとに分《わ》けてしょうかいするよ。もちろんしんちゃんも、まんがのなかで大活躍《だいかつやく》！　有名《ゆうめい》なヒーロー・ヒロインたちといっしょに、いろんな体験《たいけん》をするんだ。まんがのなかでは、その時代《じだい》にあったことや、その時代《じだい》の文化《ぶんか》などもえがかれているから、楽《たの》しみながら、その時代《じだい》のことがよくわかるようになっているよ。

楽《たの》しいのは、まんがだけじゃない！　各時代《かくじだい》ごとに、もっともみんなに知《し》ってほしいことをいくつか選《えら》んで、文章《ぶんしょう》とイラストでじっくり解説《かいせつ》しているから、この本《ほん》を読《よ》み終《お》わるころには、「歴史《れきし》はかせ」になれることまちがいナシ！

さあ、きみもしんちゃんといっしょに、日本《にほん》の歴史《れきし》をぼうけんする旅《たび》に出《で》よう！

新版《しんぱん》 クレヨンしんちゃんのまんが日本《にほん》の歴史《れきし》おもしろブック①

もくじ

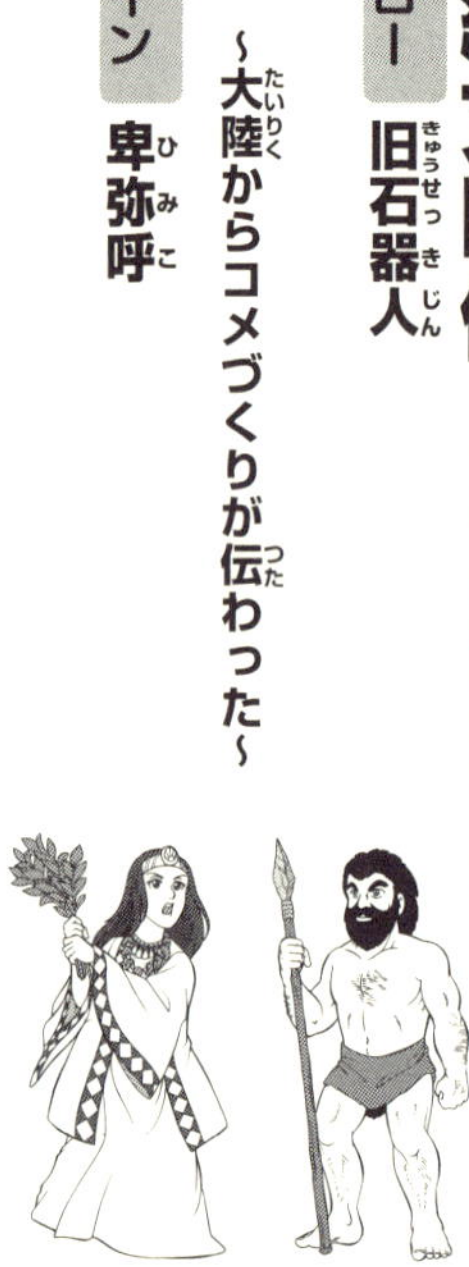

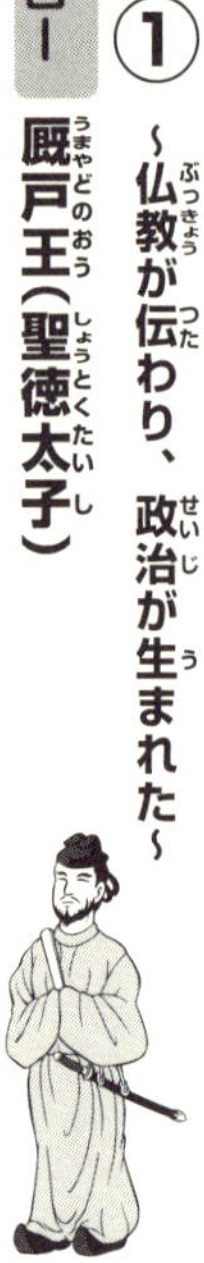

旧《きゅう》石《せっ》器《き》・縄《じょう》文《もん》時《じ》代《だい》

さあ、歴史《れきし》の始《はじ》まりだ！

日本人《にほんじん》の祖先《そせん》はだれだ？　の巻《まき》

これが
ずっと昔《むかし》、「旧石器時代《きゅうせっきじだい》」
とよばれていたころの
日本《にほん》です
大陸《たいりく》
日本《にほん》
何《なに》が目的《もくてき》で
オラの
ソセンは
わざわざ
日本《にほん》まで
来《き》たんだ？
観光《かんこう》
リョコウ
？
「象《ぞう》」です
ゾウと
遊《あそ》ぶために
きたの？
コドモみたい
いえ
食《た》べる
ため
です！
どど〜〜〜ん
食《た》べる
……？
大陸《たいりく》には昔《むかし》 マンモス
という象《ぞう》がいて
それをとって食《た》べる狩人《かりゅうど》
がたくさんいて…
獲物《えもの》のあとを
追《お》いかけて
日本列島《にほんれっとう》まで
ついてきて
住《す》みついたので
しょう
パオーン
ドドドド
お
あのヒトたち
オラのソセン
？
ぬっ
当時《とうじ》の人《ひと》と
お話《はな》ししましょう
お〜！
オラのソセン
ゴリラみたい
よぉ
カッコ
イイ〜
この石《いし》のヤリ
ゴリラのおじさん
がつくったの？
ん
キョウだね
ゴリラじゃ
ないっつー
の
いいトコロに気付《きづ》きましたね

このころの人《ひと》はいろんな「石器《せっき》」をつくり使《つか》っていました
ピッ
黒曜石《こくようせき》や頁岩《けつがん》などを木《き》の棒《ぼう》や石《いし》　動物《どうぶつ》の骨《ほね》や角《つの》でたたいて割《わ》ってつくるんだ
コン
おもしろそ〜♪
ペキッ
ぬ〜　全然《ぜんぜん》割《わ》れない？
チカラまかせじゃムリだよ
石《いし》を加工《かこう》する技術《ぎじゅつ》も立派《りっぱ》な文化《ぶんか》です
ガン
ゴン
これを貸《か》してあげる！いっしょにマンモスを狩《か》ろう！
これで象《ぞう》と戦《たたか》うの？
ところでマンモスってどんな象《ぞう》？
オラのおマタのゾーさんよりおおきい？
ぬ！
へら
へら
パオ〜
ドドーン
どおお〜〜!!

パオーン
ワー
ワー
まあ これが日本《にほん》の「始《はじ》め」ですか…
やがてマンモスは絶滅《ぜつめつ》し 日本人《にほんじん》は新《あたら》しい食《た》べ物《もの》をさがすことになります
バーチャルなのにイタイ
リアルバーチャルですから
ピカ
新《あたら》しい食《た》べ物《もの》はつぎの時代《じだい》「縄文時代《じょうもんじだい》」を開《ひら》きます!
こんどは何食《なにた》べるの? カバ? キリン?
オラおにぎりたべたい
もう日本《にほん》には大《おお》きな動物《どうぶつ》はいないのでいろんなモノを食《た》べたようです
この時代《じだい》おコメはまだつくってません
これらをとったり調理《ちょうり》したりするために文化《ぶんか》もすすみいろんな道具《どうぐ》もつくられました
ピピッ
ずいぶん暮《く》らしやすくなりましたナ

ウィィ〜〜ン
旧石器時代《きゅうせっきじだい》のあと日本《にほん》ではこの「縄文時代《じょうもんじだい》」とよばれる時代《じだい》が長《なが》く続《つづ》きます
家《いえ》の屋根《やね》だけがいっぱいあるゾ⁉
竪穴住居《たてあなじゅうきょ》という昔《むかし》の家《いえ》です
中《なか》はこうなってます
お〜おねいさんがいるぅ〜
ヤッホ
大昔《おおむかし》の人《ひと》なのにけっこうおしゃれ〜
この時代《じだい》は私《わたくし》たちが想像《そうぞう》するよりゆたかで文化的《ぶんかてき》です
いいニオイ〜♪今夜《こんや》のごはんは何《なに》？
クンクン
ドングリとクルミを粉《こな》にしてお肉《にく》をまぜて焼《や》いたパンよ
う〜ん♪
昔《むかし》の生活《せいかつ》もイイもんだな〜
お！ネンド遊《あそ》びしてる
コネコネ
土《つち》でなべをつくってます

食器《しょっき》も自分《じぶん》でつくるの？
むかしはなんでもじぶんたちでつくります
よくこねた粘土《ねんど》で器《うつわ》の底《そこ》の部分《ぶぶん》をつくったら　ヒモ状《じょう》にした粘土《ねんど》をその上《うえ》からおしつけて形《かたち》をつくるんだよ
形《かたち》ができたら縄《なわ》で模様《もよう》をつけましょう
ナワでワ
？
縄《なわ》をころがすようにおしつけると…
おー
コロコロ
このように縄《なわ》で模様《もよう》をつけた器《うつわ》を縄文土器《じょうもんどき》といいます
日《ひ》かげでかんそうさせてから焼《や》くとでき上《あ》がり！
う～んなかなか味《あじ》わい深《ぶか》いですなァ
ワイワイ
ただいま～
メンコ…メンコ…
おそくなっちゃったから今夜《こんや》はコンビニ弁当《べんとう》ね！
！
ウィ～ン
昔《むかし》がなつかしい
ウツワがアジケナイぞ
え？　何《なに》か言《い》った？
チン
？
ブツブツ

ついに日本《にほん》にやってきた

旧《きゅう》石《せっ》器《き》人《じん》

マンモスやヘラジカを追《お》って、当時地続《とうじじつづ》きだった大陸《たいりく》からやってきたのが、日本人《にほんじん》の祖先《そせん》だぞ。

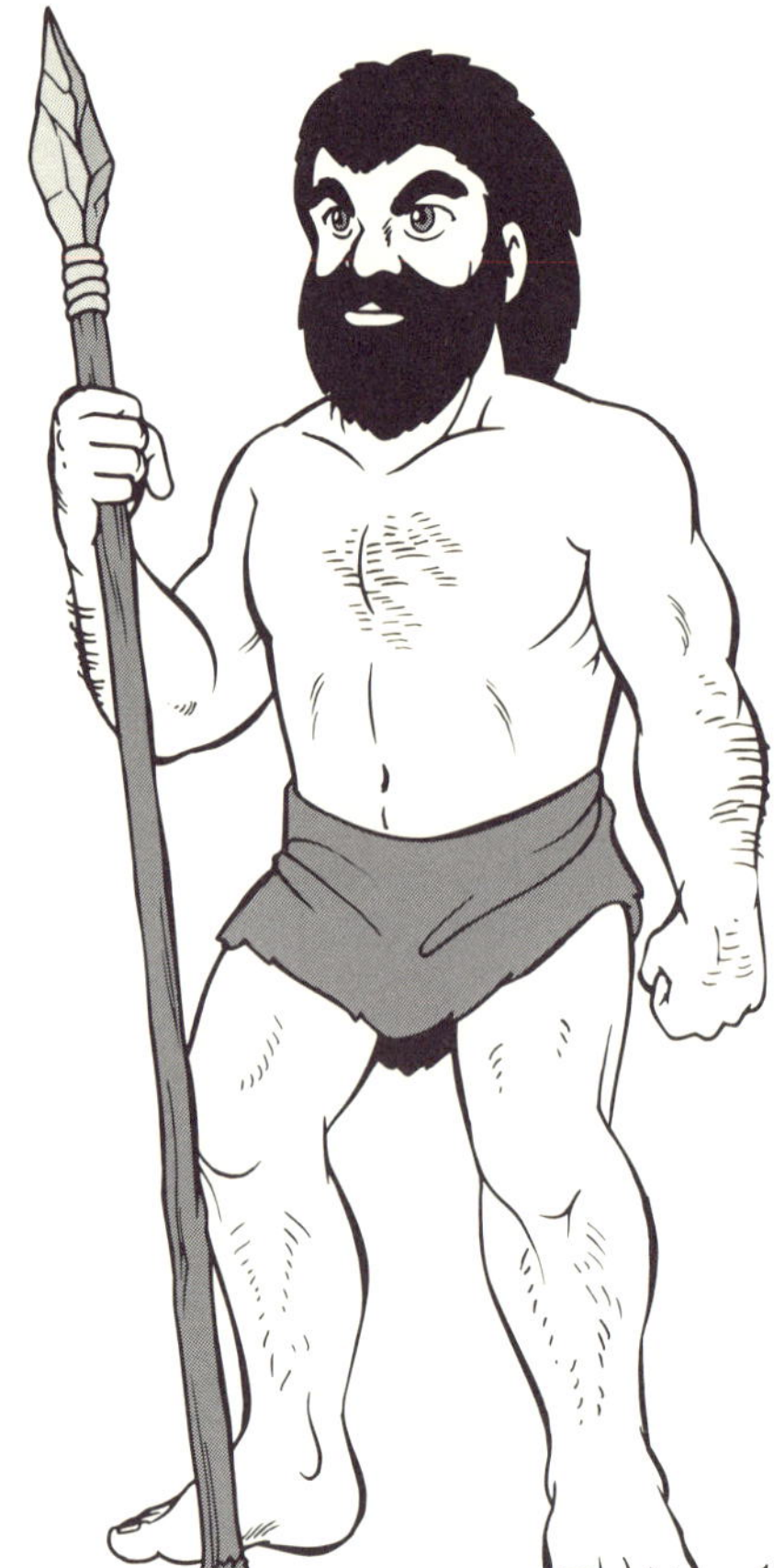

■エピソード①

背《せ》は低《ひく》くて、横幅《よこはば》の広《ひろ》い顔《かお》を持《も》っている、古《こ》モンゴロイドという人種《じんしゅ》。

■エピソード②

狩《か》りをしたり、木《き》の実《み》などの食《た》べられる植物《しょくぶつ》をとったりして生活《せいかつ》していた。

■エピソード③

大陸《たいりく》からナウマン象《ぞう》やマンモス、ヘラジカなどを追《お》ってきた。

マンモスを追《お》いかけたら、そこは日本《にほん》

今《いま》から約《やく》5万年《まんねん》〜2万年《まんねん》ほど前《まえ》、地球《ちきゅう》は氷《ひょう》河《が》時代《じだい》といって、とっても寒《さむ》い時期《じき》だった。あまりに寒《さむ》くて、南極大陸《なんきょくたいりく》のように海《うみ》の水《みず》がこおって海水《かいすい》が少《すく》なかったから、日本列島《にほんれっとう》は中国《ちゅうごく》などの大陸《たいりく》と地続《じつづ》きだったんだ。

ちょうど、北海道《ほっかいどう》とサハリン、シベリア、九州《きゅうしゅう》と朝鮮半島《ちょうせんはんとう》がくっついていて、日本海《にほんかい》が巨大《きょだい》な湖《みずうみ》のようだったんだ。

そのころの人《ひと》たちは、狩《か》りをしたり木《き》の実《み》などの食《た》べられる植物《しょくぶつ》をとったりして暮《く》らしていた。狩《か》りをするときには、石器《せっき》などの道《どう》具類《ぐるい》、それから動物《どうぶつ》がこわがる火《ひ》を使《つか》ったんだ。ナウマン象《ぞう》やマンモス、ヘラジカといったそのころの動物《どうぶつ》は大型《おおがた》だったから、狩《か》りをするときは何人《なんにん》かで集《あつ》まり、協力《きょうりょく》しながらつかまえたんだ。

人《ひと》びとの住《す》まいは、近《ちか》くに食料《しょくりょう》があることが大切《たいせつ》だったから、1カ所《しょ》に住《す》むことはしないで、動物《どうぶつ》や植物《しょくぶつ》がとれるところへ移動《いどう》しながら暮《く》らしていたんだよ。

家《いえ》も移動《いどう》にぴったりの、かんたんなテント式《しき》の小屋《こや》が多《おお》く、ほら穴《あな》を利用《りよう》することもあった。毎日《まいにち》がキャンプみたいだね。

ただ、氷河時代《ひょうがじだい》の寒《さむ》い時期《じき》は、食《た》べるものも足《た》りなくなりがちで、人《ひと》びとは遠《とお》くまで獲《え》物《もの》をとりにいかなければならなかったらしく、そのたびに移動《いどう》していったんだね。

その時代《じだい》の日本列島《にほんれっとう》は、シベリアからマン

モスやヘラジカが、朝鮮半島《ちょうせんはんとう》からナウマン象《ぞう》やオオツノジカなどがにげこんできていた。

日本人《にほんじん》の祖先《そせん》である旧石器人《きゅうせっきじん》、のちの縄文《じょうもん》人《じん》たちは、それらの食料《しょくりょう》を追《お》いかけて、大陸《たいりく》から何回《なんかい》もわたってきたんだ。

縄文人《じょうもんじん》＋弥生人《やよいじん》＝今《いま》の日本人《にほんじん》!?

ところで、旧石器人《きゅうせっきじん》、縄文人《じょうもんじん》はどんな人《ひと》たちだったんだろう？　発掘《はっくつ》された遺跡《いせき》や人骨《じんこつ》から、背《せ》が低《ひく》く横幅《よこはば》の広《ひろ》い顔《かお》を持《も》つ古《こ》モンゴロイドという人種《じんしゅ》だということがわかっているよ。

今《いま》の日本《にほん》でも、北海道《ほっかいどう》に住《す》むアイヌ民族《みんぞく》や沖縄《おきなわ》などの南西諸島《なんせいしょとう》の人《ひと》たちが、縄文人《じょうもんじん》の特徴《とくちょう》を多《おお》く残《のこ》しているといわれている。日本《にほん》にわたったかれらが、動物《どうぶつ》を追《お》いかけて日本列島《にほんれっとう》じゅうに広《ひろ》がっていったんだね。

あとのお話《はなし》にも出《で》てくるけど、弥生時代《やよいじだい》に日本《にほん》にやってきた、新《しん》モンゴロイドといわれる弥生人《やよいじん》は、背《せ》が高《たか》く、顔《かお》が長《なが》めでのっぺりしているんだ。

だから、縄文人《じょうもんじん》たちは、弥生人《やよいじん》とずいぶんとちがうんだね。それで、縄文人《じょうもんじん》と弥生人《やよいじん》が長《なが》い年月《ねんげつ》の間《あいだ》に混血《こんけつ》をくりかえして、今《いま》の日本人《にほんじん》になったんだよ。さて、きみはどっちのタイプかな？

キバから骨《ほね》までなんでも使《つか》える

ナウマン象《ぞう》をつかまえる

食料《しょくりょう》にも服《ふく》にも道具《どうぐ》にもなるナウマン象《ぞう》。でもつかまえるのはなかなかむずかしいぞ。

旧石器時代《きゅうせっきじだい》の人《ひと》たちにとって、いちばんのごちそうはナウマン象《ぞう》などの大型動物《おおがたどうぶつ》だったんだ。1頭《とう》しとめれば、しばらくは食料探《しょくりょうさが》しに苦労《くろう》しないし、何《なに》より貴重《きちょう》なたんぱく質《しつ》やエネルギーがたっぷりとれる。それだけでなく、皮《かわ》は暖《あたた》かい衣服《いふく》になり、キバや骨《ほね》から道具《どうぐ》をつくることもできた。

ただ、大型動物《おおがたどうぶつ》はなかなかつかまえられないことが多《おお》かった。そのころの狩《か》りは男《おとこ》たちの仕事《しごと》だったんだけど、何人《なんにん》かで協力《きょうりょく》して頭《ず》脳《のう》プレーをすることが必要《ひつよう》だった。たとえば火《ひ》や大声《おおごえ》でナウマン象《ぞう》を足場《あしば》の悪《わる》いぬま地《ち》に追《お》いこんでから、石《いし》ヤリや石《いし》オノなどでいっせいにおそいかかるという方法《ほうほう》があった。

大型動物《おおがたどうぶつ》がいっぱいだった日本《にほん》

このナウマン象《ぞう》は、今《いま》から約《やく》5万年《まんねん》〜2万《まん》年《ねん》ほど前《まえ》の氷河時代《ひょうがじだい》、地続《じつづ》きだった朝鮮半島《ちょうせんはんとう》から日本《にほん》にわたってきたんだ。そのころの日《に》本《ほん》には、ナウマン象《ぞう》だけでなく、マンモス、オオツノジカやヘラジカといった大型《おおがた》の動物《どうぶつ》が多《おお》く生《い》きていたんだ。

お皿《さら》もナイフも石《いし》からつくる

石器《せっき》を使《つか》った生活《せいかつ》

人間《にんげん》の最初《さいしょ》の道具《どうぐ》は石《いし》だったんだ。割《わ》ったり、みがいたりして石器《せっき》をつくったんだね。

進化《しんか》の段階《だんかい》では、サルと人間《にんげん》とを分《わ》けるものが3つある。二本足《にほんあし》で歩《ある》くこと、ことばを話《はな》すこと、そして、最後《さいご》のひとつが道具《どうぐ》を使《つか》うことだ。はじめのころの人類《じんるい》は、石器《せっき》を利《り》用《よう》していたんだよ。

最初《さいしょ》は、石《いし》を上《うえ》から落《お》として、くだいたものを使《つか》っていた。この石器《せっき》を打製石器《だせいせっき》という。たとえば、表面《ひょうめん》が平《ひら》べったい包丁《ほうちょう》のような石《いし》を、動物《どうぶつ》の皮《かわ》をはぐナイフとして使《つか》っていたんだ。旧石器人《きゅうせっきじん》たちは、それらをうまく使《つか》って動物《どうぶつ》をしとめ、生活《せいかつ》に必要《ひつよう》なものをつくっていったんだ。打製石器《だせいせっき》を使《つか》っていた時代《じだい》は旧石器時代《きゅうせっきじだい》とよばれているよ。

みがいて完成《かんせい》！ 磨製石器《ませいせっき》

それから、今《いま》から1万年《まんねん》ほど前《まえ》の縄文時代《じょうもんじだい》になると、石《いし》をみがいて仕上《しあ》げた石器《せっき》がつくられるようになった。磨製石器《ませいせっき》とよばれていて、加工技術《かこうぎじゅつ》の進歩《しんぽ》で、石《いし》のスプーンやお皿《さら》、骨《ほね》でつくったつり針《ばり》やモリなどがあった。道《どう》具《ぐ》の種類《しゅるい》がとても多《おお》くなったんだ。それで、人《ひと》びとの生活《せいかつ》も便利《べんり》になっていったんだね。

こねてのばして、好《す》きな形《かたち》が自由自在《じゆうじざい》

とっても便利《べんり》な土器《き》

縄文人《じょうもんじん》は、土《つち》を使《つか》って土器《どき》をつくった。きれいな縄《なわ》の模様《もよう》が縄文土器《じょうもんどき》の特徴《とくちょう》だ。

縄文時代《じょうもんじだい》は、とっても長《なが》い間続《あいだつづ》いたんだ。縄文人《じょうもんじん》は、季節《きせつ》にあわせて狩《か》りや漁《りょう》、木《き》の実《み》や貝《かい》の採集《さいしゅう》をして、食料《しょくりょう》を得《え》る工夫《くふう》をしていたんだ。つまり、「なくなったから食料《しょくりょう》を求《もと》めて狩《か》りをする」生活《せいかつ》から、「あるときに多《おお》くとっておいて保存《ほぞん》する」生活《せいかつ》に変《か》わったんだね。そこで必要《ひつよう》となるのが、食料《しょくりょう》の貯蔵《ちょぞう》や、煮《に》たきに使《つか》う入《い》れ物《もの》・土器《どき》だ。

きれいな模様《もよう》の縄文土器《じょうもんどき》

この時代《じだい》の土器《どき》は、表面《ひょうめん》に縄《なわ》の模様《もよう》があることから縄文土器《じょうもんどき》とよばれている。この模様《もよう》は、たんなるかざりではなく、土器《どき》の表面《ひょうめん》を平《たい》らにするために縄《なわ》をころがした結果《けっか》できたもの。いろんな模様《もよう》があるんだ。

男《おとこ》の人《ひと》たちが狩《か》りに行《い》っているときは、女《おんな》の人《ひと》が子《こ》どもを育《そだ》てながら、土器《どき》をつくったんだ。

土《つち》に砂《すな》を入《い》れてこね、こねた土《つち》をひものようにしていく。それを積《つ》み重《かさ》ねて土器《どき》の形《かたち》に仕上《しあ》げるんだ。あとは、かわかしてからたき火《び》で焼《や》くんだ。

温度《おんど》が上《あ》がって氷河《ひょうが》がとけた!

日《に》本《ほん》列《れっ》島《とう》ができた

それまでアジア大陸《たいりく》とつながっていた日本《にほん》が、島《しま》になっちゃったぞ。

今《いま》から2、3万年前《まんねんまえ》まで、「日本列島《にほんれっとう》」はなかった。氷河時代《ひょうがじだい》のえいきょうで海面《かいめん》が下《さ》がり、アジア大陸《たいりく》と陸続《りくつづ》きだったんだよ。だから、大陸《たいりく》から動物《どうぶつ》や人《ひと》がかんたんに日本《にほん》にやってくることができ、日本《にほん》に旧石器時代《きゅうせっきじだい》を築《きず》いていったんだ。

それが、約《やく》1万年前《まんねんまえ》になるときびしい氷河《ひょうが》時代《じだい》がすぎ、地球《ちきゅう》の気候《きこう》が温暖《おんだん》になったんだ。そうすると海面《かいめん》が上《あ》がり、低《ひく》い土地《とち》に海水《かいすい》が入《はい》りこんでしまった。

その結果《けっか》として、日本《にほん》は大陸《たいりく》から切《き》りはなされて、「日本列島《にほんれっとう》」が誕生《たんじょう》したんだよ。ちなみに、「朝鮮半島《ちょうせんはんとう》」も、このときにできたんだ。

暖《あたた》かくなって食《た》べ物《もの》がいっぱい

このころになると、自然環境《しぜんかんきょう》は現在《げんざい》の日本《にほん》とそれほど変《か》わりなくなった。ブナやナラ、シイなどの植物《しょくぶつ》がふえて木《き》の実《み》の種類《しゅるい》が豊富《ほうふ》になり、大型動物《おおがたどうぶつ》にかわってイノシシやニホンジカなどがあらわれた。つまり、縄文人《じょうもんじん》の食《た》べ物《もの》の種類《しゅるい》がふえていったんだね。

氷河《ひょうが》がとけて島《しま》になったゾ

誕生《たんじょう》！ 日本列島《にほんれっとう》

◉大陸《たいりく》とつながっていた日本《にほん》

2、3万年前《まんねんまえ》までは、日本《にほん》はアジア大陸《たいりく》とつながっていた。大陸《たいりく》とはなれたのは約《やく》1万年前《まんねんまえ》。

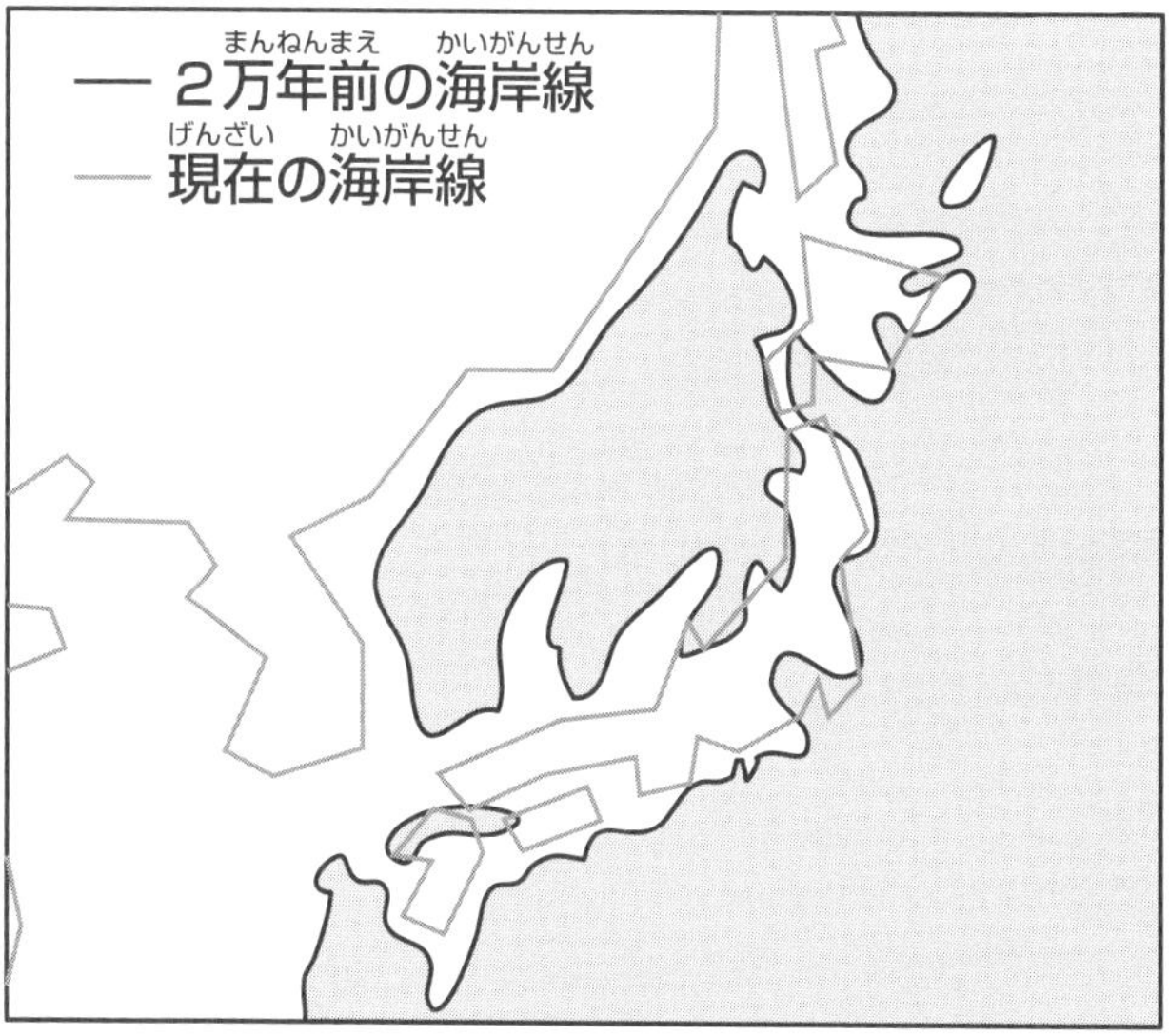

◉暖《あたた》かくなって食物《しょくもつ》がふえる

氷河時代《ひょうがじだい》が終《お》わって暖《あたた》かくなると、ブナやシイなどの植物《しょくぶつ》がよく育《そだ》ち縄文人《じょうもんじん》の食《た》べ物《もの》がふえた。

木《き》の実《み》や魚《さかな》や動物《どうぶつ》たち。ごちそうがいっぱい

意外《いがい》に豊富《ほうふ》な食《た》べ物《もの》

クリにクルミ、イノシシや魚《さかな》。クッキーもある縄文人《じょうもんじん》の食卓《しょくたく》は、とってもごうかだぞ。

縄文人《じょうもんじん》は縄文時代《じょうもんじだい》のはじめには、クリやクルミ、トチノミ、ドングリ、ヤマイモを採集《さいしゅう》して食料《しょくりょう》にしていた。でも、だんだんとるだけでなく、クリ林《ばやし》を管理《かんり》してふやしたり、ヤマイモを栽培《さいばい》することを発明《はつめい》したりするなど、食料《しょくりょう》を安定《あんてい》して得《え》る方法《ほうほう》をためしたよ。

狩《か》りでは、動《うご》きのすばやいニホンジカやイノシシなどの動物《どうぶつ》をしとめるために弓矢《ゆみや》が使《つか》われ、落《お》とし穴《あな》などもつくられるようになった。それに、貝《かい》や魚《さかな》、海藻《かいそう》をとって食《た》べるようにもなったんだ。

おいしそうだね、縄文《じょうもん》クッキー

これだけの食料《しょくりょう》を得《え》ることができたのは、新《あたら》しい道具《どうぐ》があったから。縄文人《じょうもんじん》は、動《うご》きの速《はや》い動物《どうぶつ》をしとめるのに弓矢《ゆみや》を、魚《さかな》をとるのにつり針《ばり》とモリを、木《き》の実《み》をすりつぶすのにすり石《いし》をつくっていったんだ。

また、食事《しょくじ》のメニューも工夫《くふう》するようになった。木《き》の実《み》をすりつぶし、卵《たまご》や動物《どうぶつ》の肉《にく》を入《い》れ、塩《しお》で味《あじ》つけして焼《や》いた「縄文《じょうもん》クッキー」なんてものをつくっていたよ。

テント式《しき》よりもだんぜん住《す》みやすい

なかなかいてき縄《じょう》文《もん》人《じん》の家《いえ》

旅《たび》をやめた縄文人《じょうもんじん》たちがつくったマイホームは、竪穴住居《たてあなじゅうきょ》とよばれているぞ。

食料《しょくりょう》の確保《かくほ》がうまくいくようになると、人《ひと》びとはだんだんと1カ所《しょ》に住《す》むようになった。これを「定住《ていじゅう》」という。縄文人《じょうもんじん》も4~6家族《かぞく》ぐらいが集《あつ》まって暮《く》らすようになったんだ。

定住《ていじゅう》するようになると、今《いま》までのテント式《しき》のかんたんな家《いえ》より、もっとじょうぶな家《いえ》をつくるようになった。地面《じめん》を50《センチメートル》ほどほって柱《はしら》となる棒《ぼう》を立《た》て、上《うえ》からかれ草《くさ》の屋根《やね》をかぶせて家《いえ》をつくったんだ。この縄文人《じょうもんじん》の家《いえ》は竪穴住居《たてあなじゅうきょ》とよばれているよ。

家《いえ》のなかは、中央《ちゅうおう》に食《た》べ物《もの》を煮《に》たきする炉《ろ》があり、食料《しょくりょう》をたくわえておく穴《あな》もあったんだ。それまでの家《いえ》に比《くら》べると、暖《あたた》かいようだけど、うす暗《ぐら》くてけむいのが欠点《けってん》だったみたい。

日当《ひあ》たりと水《みず》が住《す》まいの条件《じょうけん》

家《いえ》が建《た》てられたのは、日当《ひあ》たりがよく、飲《の》み水《みず》がすぐに手《て》に入《はい》る台地《だいち》が多《おお》かった。人《ひと》びとは、広場《ひろば》を中心《ちゅうしん》にして、O《オー》またはU《ユー》字形《じがた》に家《いえ》を建《た》てていた。そのようすは、青森県青森《あおもりけんあおもり》市郊外《しこうがい》で発見《はっけん》された縄文時代《じょうもんじだい》の大集落遺跡《だいしゅうらくいせき》「三内丸山遺跡《さんないまるやまいせき》」を見《み》るとよくわかるよ。

みんなで力《ちから》をあわせて働《はたら》くぞ

縄《じょう》文《もん》時《じ》代《だい》のムラのようす

ムラでは食《た》べ物《もの》を集《あつ》めるのも、土器《どき》をつくるのも、みんなで協力《きょうりょく》してやったんだ。

縄文人《じょうもんじん》たちも、集団《しゅうだん》で暮《く》らすようになり、だんだん「ムラ」のような形《かたち》になっていったんだ。生活《せいかつ》に必要《ひつよう》な役割《やくわり》がきちんとできていて、男《おとこ》の人《ひと》は狩《か》りや力《ちから》のいる石器《せっき》づくり、女《おんな》の人《ひと》は木《き》の実《み》とりや土器《どき》づくりにはげんでいた。大人《おとな》でも子《こ》どもでも、自分《じぶん》ができることをせいいっぱいやって、みんなで力《ちから》をあわせて働《はたら》き、生活《せいかつ》を守《まも》っていたんだね。

ムラのなかにはまだ、身分《みぶん》の上下《じょうげ》や貧富《ひんぷ》の差《さ》はなかった。でもリーダーのような人《ひと》はいたんだ。力《ちから》が強《つよ》い人《ひと》や、年《とし》をとって経験《けいけん》が豊《ほう》富《ふ》な人《ひと》が、リーダーになることが多《おお》かった。リーダーの役割《やくわり》は、ムラの人《ひと》たちが食《た》べ物《もの》に困《こま》らないようにすることだったからだね。

とっても痛《いた》～い成人式《せいじんしき》

また、集団《しゅうだん》で暮《く》らすためのきまりとして、そのころにはおもしろい風習《ふうしゅう》があったんだ。たとえば、一人前《いちにんまえ》の大人《おとな》になったときに、健康《けんこう》な歯《は》をぬくこともあったんだ。昔《むかし》の成人《せいじん》式《しき》では、ずいぶん痛《いた》いことをがまんしなきゃならなかったんだね。

意外《いがい》とかいてきなんだ

これが縄文人《じょうもんじん》の家《いえ》だ！

◉竪穴住居《たてあなじゅうきょ》

地面《じめん》を少《すこ》しほって、柱《はしら》を立《た》て、
かれ草《くさ》の屋根《やね》でおおったんだ。

◉ムラに身分階級《みぶんかいきゅう》はなかった

このころのムラには、リーダーのような人《ひと》はいたけれど、身分《みぶん》や貧富《ひんぷ》の差《さ》はなかった。

耳《みみ》かざりやネックレスもつけていた！

とってもおしゃれな縄《じょう》文《もん》人《じん》

骨《ほね》のネックレスや貝《かい》がらの腕《うで》輪《わ》、縄文人《じょうもんじん》たちは自然《しぜん》の材料《ざいりょう》でアクセサリーをつくるんだ。

縄文人《じょうもんじん》たちも現代《げんだい》の人《ひと》と同《おな》じように、いろいろなアクセサリーを身《み》につけていたと考《かんが》えられているんだ。

はじめのころは、動物《どうぶつ》の骨《ほね》やキバなどを使《つか》ったネックレスのようなものが多《おお》かったけれど、だんだんきれいな石《いし》でつくられるようになったんだ。

とくに、緑色《みどりいろ》をしたヒスイは人気《にんき》があったようで、勾玉《まがたま》や大玉《おおだま》の材料《ざいりょう》として使《つか》われた。

ネックレスのほかに、縄文人《じょうもんじん》たちの間《あいだ》ではやったアクセサリーが耳《みみ》かざり。石《いし》や土《つち》、動《どう》物《ぶつ》の骨《ほね》などでつくられ、今《いま》のピアスのように、耳《みみ》に穴《あな》をあけてつけるんだ。

そのほか、貝《かい》でつくった腕輪《うでわ》や衣装《いしょう》につけた腰《こし》かざり、くしや髪《かみ》かざりなどがあった。

縄文人《じょうもんじん》は服《ふく》もおしゃれだゾ

衣服《いふく》は、それまでの動物《どうぶつ》の皮《かわ》だけでなく、植物《しょくぶつ》のせんいなどを編《あ》んでつくられたものに変《か》わっていった。形《かたち》は、そでのないワンピースのようなものだったようだ。縄文人《じょうもんじん》たちは、とてもおしゃれだったんだね。

丸《まる》く並《なら》べた石《いし》は縄文人《じょうもんじん》のお墓《はか》か!?

巨《きょ》大《だい》な石《いし》が並《なら》ぶ大《おお》湯《ゆ》遺《い》跡《せき》のナゾ

秋田県《あきたけん》の大湯遺跡《おおゆいせき》の、丸《まる》く並《なら》べられた石《いし》たち。縄文人《じょうもんじん》がお墓《はか》としてつくったみたいだよ。

秋田県《あきたけん》の十和田湖《とわだこ》の南《みなみ》にある大湯《おおゆ》というところには、約《やく》4000年前《ねんまえ》の遺跡《いせき》がある。巨《きょ》大《だい》な石《いし》が輪《わ》のように並《なら》べられていて、まるでイギリスにあるストーンヘンジのようだ。

発見《はっけん》されたのは1931年《ねん》だったけど、本《ほん》格的《かくてき》に調査《ちょうさ》がすすめられたのは太平洋戦争《たいへいようせんそう》が終《お》わった1945年以降《ねんいこう》のことなんだ。

縄文時代《じょうもんじだい》にも宗教心《しゅうきょうしん》はあった

最初《さいしょ》はなんのためにつくられた遺跡《いせき》なのかはっきりしなかったけど、最近《さいきん》になってわかってきたこともある。この遺跡《いせき》からは土偶《どぐう》などの、祭祀《さいし》に関係《かんけい》する遺物《いぶつ》がいろいろ見《み》つかっている。つまりここで、祖先《そせん》をまつっていたと考《かんが》えられるんだ。

日本古来《にほんこらい》の神道《しんとう》は弥生時代《やよいじだい》から発達《はったつ》したといわれていたけれど、それより古《ふる》いこのころには、すでに宗教《しゅうきょう》の原型《げんけい》があったようだ。

それがわかるだけでも貴重《きちょう》な遺跡《いせき》なんだ。2002年《ねん》には、大湯《おおゆ》ストーンサークル館《かん》という施設《しせつ》もつくられている。一度《いちど》は行《い》ってみたいね。

石《いし》を並《なら》べた不思議《ふしぎ》な遺跡《いせき》

縄文人《じょうもんじん》がつくった大湯遺跡《おおゆいせき》

◉遺跡《いせき》の大《おお》きさ

直径《ちょっけい》46メートルと42メートルの円形《えんけい》をした大《おお》きな石組《いしぐ》み。40個《こ》くらいの石《いし》でできている。

◉遺跡《いせき》はお墓《はか》だった？

石《いし》の下《した》からはお棺《かん》や副葬品《ふくそうひん》が出《で》てきたので、遺跡《いせき》はお墓《はか》だった可能性《かのうせい》が高《たか》い。

弥生時代《やよいじだい》

大陸《たいりく》からコメづくりが伝《つた》わった

この時代《じだい》のヒロイン

〈トピックス〉

女王《じょおう》・卑弥呼《ひみこ》登場《とうじょう》！　の巻《まき》

ワーワーワー
ヤマタイ国《こく》は今《いま》 となりのクナ国《こく》と戦争中《せんそうちゅう》です
ヒュッ
ヒュッ
ジョーダンじゃないわよ!! 占《うらな》いごっこしに来《き》ただけなのにー!!
こんな戦《たたか》いがよくあるのでムラは壕《ほり》や柵《さく》で守《まも》られています
ワー
こわい時代《じだい》ね…
ゼイ ゼイ
でもムラの中《なか》は安全《あんぜん》で市場《いちば》もあります
ワイ ワイ
わ 貝《かい》のネックレスかわいい〜よ
ところで占《うらな》いはどこでやってるの?
ど〜〜〜ん
ここ! ヤマタイ国《こく》の女王《じょおう》ヒミコ様《さま》のおられる宮殿《きゅうでん》の中《なか》です!
女王様《じょおうさま》が占《うらな》いをするの!?
ステキ♪

ヒミコ様《さま》は占《うらな》いによって「神《かみ》の声《こえ》を聞《き》く」能力《のうりょく》があります
そりゃスゴイ!
その力《ちから》でヤマタイ国《こく》の国民《こくみん》をまとめたのです
わく わく
どんな占《うらな》いなのかしら…?
ヒミコ様《さま》「ハナクソ占《うらな》い中《ちゅう》」
ほじ ほじ ほじ
おー出《で》た!!
ポン
この色《いろ》この大《おお》きさから占《うらな》うと
今日《きょう》のオラの運勢《うんせい》恋愛《れんあい》・健康《けんこう》・金銭《きんせん》すべてサイコー
ラッキーラッキー
おい
もっとまともな占《うらな》いはないの?
…
では
ウンチのしみの形《かたち》で占《うらな》うウンチおパンツ占《うらな》いでも
シカの骨《ほね》や亀《かめ》の甲羅《こうら》にお灸《きゅう》をするように熱《ねつ》を加《くわ》え そのときできたヒビをみて占《うらな》うのが本当《ほんとう》です

何占《なにうらな》う? ネネちゃんのきのうの運勢《うんせい》とか…
もう知《し》ってるわよ
女王様《じょおうさま》となりのクナ国《こく》との戦争《せんそう》の勝敗《しょうはい》を占《うらな》ってください
出《で》ました!
じゃ〜〜ん!!
この占《うらな》いの結果《けっか》によると
「わが国《くに》の勝《か》ち」っぽい
あいまいね
国民《こくみん》に結果《けっか》を伝《つた》えてくる
おー
勝《か》ちっぽいからみんなガンバ
こんな占《うらな》いでヤマタイ国《こく》を守《まも》れるのかな?
ヒミコ様《さま》! 魏《ぎ》(中国《ちゅうごく》)へ渡航《とこう》させたわが国《くに》の使者《ししゃ》が帰《かえ》ってまいりました
カメのコウラうらない
あ
ジュ…!
かざまくん何《なん》の役《やく》?
ヒミコ様《さま》の弟《おとうと》です 政治《せいじ》の面《めん》でヒミコ様《さま》を助《たす》けふたりでヤマタイ国《こく》を守《まも》ってます

魏《ぎ》（中国《ちゅうごく》）の皇帝《こうてい》と仲《なか》よくなって　ヒミコ様《さま》こそ倭《わ》（日本《にほん》）の王様《おうさま》だと認《みと》めてもらいました！
ピカ
そのしるしとしてコレをいただいてきました!!
え～おみやげハンコだけ？
ほかにないの？
親魏倭王《しんぎわおう》の印《いん》
それと鏡《かがみ》をたくさん！これをわがヤマタイ国《こく》に味方《みかた》する国《くに》ぐににあげましょう
なぜあげるの？
結束《けっそく》を固《かた》めるためです！
ほ
よ
ガチャガチャガチャ
これでヤマタイ国《こく》に戦争《せんそう》をしかけるクニもなくなるでしょう
フリスビー
えい
ゴトン
平和《へいわ》になるわね
このおみやげ　つまんね
ふあ～～
ポイ
…………

まあ ヒミコ様《さま》の占《うらな》いが
ある限《かぎ》り ヤマタイ国《こく》は
ほろびませんけどね
ハナミズ うらない
そーかなー?
ペタ…
おー「凶《きょう》」と出《で》た
ヤマタイ国《こく》
ほろぶね
クナ国《こく》の兵隊《へいたい》が
乗《の》りこんできた…
ワー
ワー
ええい
この
役立《やくた》たず!!
おっ?
ヒミコのあと 男《おとこ》の王《おう》が
ヤマタイ国《こく》をまとめようと
しましたが うまくいかず…
ざわざわ
だれもぼくの
いうこと
きいてくれない
えーい
なくな
イラ
イラ
13才《さい》のイヨという少女《しょうじょ》が
女王《じょおう》となりました
男《おとこ》の腕力《わんりょく》より
女《おんな》の占《うらな》いの力《ちから》よ
ワー
ワー
そーかな?
いてて…

呪術《じゅじゅつ》の力《ちから》で、国力《こくりょく》が増《ま》していく！

卑《ひ》弥《み》呼《こ》

日本《にほん》にコメづくりが伝《つた》わり、クニがつくられた。女王《じょおう》・卑弥呼《ひみこ》は、占《うらな》いで邪馬台国《やまたいこく》を治《おさ》めたんだ！

■エピソード①

占《うらな》いが得意《とくい》で、神様《かみさま》に祈《いの》り、そのお告《つ》げを聞《き》き、クニを治《おさ》める巫女《みこ》だった。

■エピソード②

卑弥呼《ひみこ》は神様《かみさま》のお告《つ》げを弟《おとうと》に伝《つた》えて、弟《おとうと》から人《ひと》びとに発表《はっぴょう》された。

■エピソード③

卑弥呼《ひみこ》は女性《じょせい》の召使《めしつか》い1000人《にん》に自分《じぶん》の身《み》の回《まわ》りの世話《せわ》をさせた。

大陸《たいりく》から人《ひと》と技術《ぎじゅつ》がやってきた！

日本《にほん》で１万年近《まんねんちか》く縄文時代《じょうもんじだい》が続《つづ》いている間《あいだ》に、おとなりの中国大陸《ちゅうごくたいりく》では黄河流域《こうがりゅういき》でアワやキビ、長江《ちょうこう》（揚子江《ようすこう》）流域《りゅういき》でコメづくりがはじまったんだ。

さらに、鉄《てつ》や青銅《せいどう》などを用《もち》いた金属器《きんぞくき》や、今《いま》までの打製石器《だせいせっき》に比《くら》べてよく切《き》れる石包丁《いしぼうちょう》などの新《あたら》しい磨製石器《ませいせっき》が使《つか》われるようになると、コメが多《おお》くつくられるようになった。

日本《にほん》へは、おもに朝鮮半島《ちょうせんはんとう》から移《うつ》り住《す》んだ人《ひと》びとがコメづくりの技術《ぎじゅつ》を伝《つた》えたんだ。今《いま》から２４００年《ねん》ぐらい前《まえ》のことだよ。まず九州《きゅうしゅう》にコメづくりが伝《つた》わって１００年《ねん》ぐらいの短《みじか》い間《あいだ》に、本州全域《ほんしゅうぜんいき》に広《ひろ》がっていったんだ。

大陸《たいりく》からは、コメづくりだけでなく、はた織《お》りの技術《ぎじゅつ》や金属器《きんぞくき》を生産《せいさん》する技術《ぎじゅつ》も伝《つた》えられた。そのほかにも、磨製石器《ませいせっき》や、縄文土器《じょうもんどき》よりもうすくてかたい弥生土器《やよいどき》のつくり方《かた》なども伝《つた》えられたんだ。だから、この時代《じだい》を弥生時代《やよいじだい》というんだよ。

また大陸《たいりく》から来《き》た人《ひと》たちは渡来人《とらいじん》とよばれ、かれらと縄文人《じょうもんじん》が結婚《けっこん》したりして、だんだん弥生人《やよいじん》となっていったといわれている。

日本《にほん》でコメづくりが広《ひろ》がると、人《ひと》びとの生活《せいかつ》は農作業《のうさぎょう》が中心《ちゅうしん》となったんだ。やがて、中国《ちゅうごく》のように階級《かいきゅう》ができ、ムラはしだいに大《おお》きくなった。そしてコメづくりがさかんになってくると、コメをめぐってムラ同士《どうし》の争《あらそ》いが起《お》こるようになる。争《あらそ》いに勝《か》ったムラはほかのムラを支配《しはい》するようになり、ムラからクニに成長《せいちょう》していったんだ。

占《うらな》いでクニを支配《しはい》する！

そのクニのひとつ、邪馬台国《やまたいこく》を治《おさ》めていたのが、女王《じょおう》・卑弥呼《ひみこ》だ。邪馬台国《やまたいこく》は3世紀《せいき》ごろ、30ばかりの小国《しょうこく》を支配《しはい》していた。

『三国志《さんごくし》』の「魏志《ぎし》」倭人伝《わじんでん》という中国《ちゅうごく》の古《ふる》い歴史書《れきししょ》によると、卑弥呼《ひみこ》は「鬼道《きどう》につかえ、よく人《ひと》をまどわした（＊）」と書《か》かれている。神《かみ》に祈《いの》り、そのご神託《しんたく》（神《かみ》からのお告《つ》げ）を聞《き》いて人《ひと》びとに伝《つた》える巫女《みこ》のような女性《じょせい》だったと考《かんが》えられているんだ。この得意《とくい》の占《うらな》いの術《じゅつ》で、うまく人民《じんみん》をしたがえたんだね。

卑弥呼《ひみこ》は、弟《おとうと》と国《くに》を治《おさ》めていたけれども、女王《じょおう》になってからはほとんど人《ひと》に会《あ》わず、女《じょ》性《せい》の召使《めしつか》い１０００人《にん》に身《み》の回《まわ》りの世話《せわ》をさせていたんだ。

卑弥呼《ひみこ》のお告《つ》げは、弟《おとうと》に伝《つた》えられ、弟《おとうと》から人《ひと》びとに発表《はっぴょう》されたらしいよ。また、宮殿《きゅうでん》には、たくさんの兵士《へいし》が配置《はいち》され、女王《じょおう》を守《まも》っていたんだ。

「魏志《ぎし》」倭人伝《わじんでん》には邪馬台国《やまたいこく》のおもしろい風《ふう》習《しゅう》が書《か》かれている。たとえば男性《だんせい》はみな、いれずみをしているとか、身分《みぶん》の高《たか》い人《ひと》と道《みち》で会《あ》うと、身分《みぶん》の低《ひく》い人《ひと》は草《くさ》むらにしりぞくとか、身分《みぶん》の高《たか》い人《ひと》の話《はなし》を聞《き》くときはひざまずいて両手《りょうて》を地面《じめん》につけるなどとある。身分《みぶん》の差《さ》があったんだね。それから、重大《じゅうだい》なことは占《うらな》いできめたことなども書《か》かれているよ。

＊「よく人《ひと》をまどわした」は、人《ひと》びとを治《おさ》めたという意味《いみ》とされる。

1粒《つぶ》で10倍《ばい》収穫《しゅうかく》、10倍《ばい》おいしい

コメづくりは1年《ねん》間《かん》の大《おお》仕《し》事《ごと》

日本《にほん》の主食《しゅしょく》おコメ。今《いま》から約《やく》2400年前《ねんまえ》に伝《つた》わり、あっというまに全国《ぜんこく》に広《ひろ》がったんだ。

今《いま》から2400年《ねん》ほど前《まえ》に大陸《たいりく》から九州《きゅうしゅう》に伝《つた》わったコメづくりは、ほどなく青森《あおもり》にまで広《ひろ》がっていったんだ。

コメは1粒《つぶ》の種《たね》から10倍以上《ばいいじょう》もの収穫《しゅうかく》があり、しかも栄養《えいよう》があって保存《ほぞん》ができる貴重《きちょう》な食《た》べ物《もの》。だから、人《ひと》びとはコメづくりにはげんだんだね。

農作業《のうさぎょう》が生活《せいかつ》の中心《ちゅうしん》になると、人《ひと》びとの暮《く》らしはだんだんと変《か》わっていった。ムラをつくり、指導者《しどうしゃ》の指示《しじ》にしたがって、共同《きょうどう》で作《さ》業《ぎょう》をすることになる。

収穫《しゅうかく》までたくさんの仕事《しごと》がある

コメづくりでは1年《ねん》を通《つう》じて仕事《しごと》がある。春《はる》は田《た》んぼをつくる。土《つち》をもってあぜをつくり、水《みず》がもれないように、周囲《しゅうい》に矢板《やいた》を打《う》ちこむ。

そして、水《みず》の取《と》り入《い》れ口《ぐち》には木《き》のくいを打《う》って、水路《すいろ》をつくる。ここまでが準備《じゅんび》。田《た》んぼに水《みず》を張《は》ればやっと田植《たう》えができる。もちろん、その前《まえ》に種《たね》をまき、苗代《なわしろ》をつくって田《た》植《う》えの準備《じゅんび》をしなければだめだよ。

夏《なつ》になると、田《た》んぼに生《お》いしげった草《くさ》とり。秋《あき》になると、ようやくイネかりだ。黄金色《こがねいろ》に実《みの》ったイネの穂先《ほさき》を、石包丁《いしぼうちょう》でつみとっていくんだ。つみとられた穂《ほ》はさらに、1粒《つぶ》1粒《つぶ》のコメになるまで、ウスでつき、ふるいながら殻《から》を落《お》としていくんだよ。

この石包丁《いしぼうちょう》も、コメづくりといっしょに大《たい》陸《りく》から伝《つた》わったもの。ほかにも田《た》げたやスキ、クワ、ウスなど、便利《べんり》な農具《のうぐ》も伝《つた》えられた。スキやクワは、木製《もくせい》のものが使《つか》われていたけれど、あとになって木製《もくせい》の器具《きぐ》の先《さき》に鉄《てつ》の刃《は》をつけたものが使《つか》われるようになったんだ。

大事《だいじ》なコメをたくわえる高床倉庫《たかゆかそうこ》

こうやって収穫《しゅうかく》したコメは、1年分《ねんぶん》の大切《たいせつ》な食料《しょくりょう》になるから、弥生時代《やよいじだい》の人《ひと》はとても大《だい》事《じ》にあつかったんだ。このコメの貯蔵《ちょぞう》のために考《かんが》えられたのが、「高床倉庫《たかゆかそうこ》」だ。倉庫《そうこ》の存在《そんざい》は、銅鐸《どうたく》にえがかれた絵《え》などでわかっていたんだけれども、静岡県南部《しずおかけんなんぶ》にある登呂遺《とろい》跡《せき》で水田《すいでん》や倉庫《そうこ》のあとといっしょに、ハシゴが発掘《はっくつ》されたことで確認《かくにん》されたんだよ。

それによると、しっ気《け》を防《ふせ》ぐために床《ゆか》を高《たか》くした上《うえ》に、柱《はしら》に板《いた》をとりつけ、ネズミがのぼれないような工夫《くふう》がされていたんだ。

ところで、弥生時代《やよいじだい》のコメは、現代《げんだい》の白米《はくまい》とは種類《しゅるい》がちがって、「赤米《あかまい》」とよばれている。何《なに》もしないのに、今《いま》のお赤飯《せきはん》のような色《いろ》で、とても栄養《えいよう》があったんだよ。それを今《いま》と同《おな》じように主食《しゅしょく》として食《た》べていたんだ。

発見《はっけん》された町《まち》の名前《なまえ》がついている

じょうぶで便利《べんり》な弥生土器《やよいどき》

模様《もよう》はないけど使《つか》いやすい。渡来人《とらいじん》が伝《つた》えた弥生土器《やよいどき》はコメづくりと関係《かんけい》が深《ふか》いぞ。

明治《めいじ》17年《ねん》、今《いま》の東京都文京区弥生《とうきょうとぶんきょうくやよい》2丁目《ちょうめ》の貝塚《かいづか》から、これまで見《み》たことのない土器《どき》が発見《はっけん》されたんだ。縄文土器《じょうもんどき》と比《くら》べて、模様《もよう》が少《すく》なく、うすくてかたい土器《どき》だった。特徴《とくちょう》は、表面《ひょうめん》の色《いろ》が赤《あか》っぽいこと。この土器《どき》は「弥生土器《やよいどき》」と名《な》づけられ、この土器《どき》を使《つか》っていた時代《じだい》を弥生時代《やよいじだい》、弥生文化《やよいぶんか》とよぶようになったんだ。ちがう場所《ばしょ》で発見《はっけん》されたら、別《べつ》の名前《なまえ》の時代《じだい》になっていたんだろうね。

発見《はっけん》された弥生土器《やよいどき》には、食《た》べ物《もの》を煮《に》るための甕《かめ》、貯蔵用《ちょぞうよう》の壺《つぼ》、食物《しょくもつ》をもる鉢《はち》や高坏《たかつき》などがあった。そのうち壺《つぼ》がいちばん多《おお》く見《み》つかっている。これは、コメ中心《ちゅうしん》の食生活《しょくせいかつ》になったことに関係《かんけい》していると考《かんが》えられているんだよ。コメは一度《いちど》にたくさん収穫《しゅうかく》できるから、貯蔵《ちょぞう》する壺《つぼ》がいっぱい必要《ひつよう》だったんだね。

渡来人《とらいじん》が伝《つた》えた弥生土器《やよいどき》

弥生土器《やよいどき》は、実用性《じつようせい》を考《かんが》えてつくられた土器《どき》だ。縄文土器《じょうもんどき》とはちがう新《あたら》しい製法《せいほう》を伝《つた》えたのは、朝鮮《ちょうせん》や大陸《たいりく》から日本《にほん》へわたってきた渡来人《とらいじん》といわれる人《ひと》びとなんだ。

弥生時代《やよいじだい》の暮《く》らしがわかる

巨大《きょだい》な弥生《やよい》のムラ、吉野ヶ里遺跡《よしのがりいせき》

吉野ヶ里遺跡《よしのがりいせき》は、弥生人《やよいじん》がいったいどんな生活《せいかつ》をしていたかよくわかる遺跡《いせき》なんだ。

佐賀県《さがけん》の吉野ヶ里遺跡《よしのがりいせき》は、今《いま》から約《やく》2400年前《ねんまえ》～1700年前《ねんまえ》まで続《つづ》いた大《おお》きなムラのあとなんだ。

ムラのなかからは、10メートルもの物見《ものみ》やぐらや住居《じゅうきょ》、高床倉庫《たかゆかそうこ》なども見《み》つかっている。また、建物《たてもの》だけでなく、そのころの人《ひと》びとの暮《く》らしがわかる農具《のうぐ》や土器《どき》も発見《はっけん》された。

さらに、お墓《はか》からは青銅製《せいどうせい》の立派《りっぱ》な剣《つるぎ》やガラスの玉《たま》なども見《み》つかったんだ。これらの貴《き》重品《ちょうひん》は、近《ちか》くの有明海《ありあけかい》を通《つう》じて、大陸《たいりく》から運《はこ》ばれてきたものだといわれている。大陸《たいりく》との交流《こうりゅう》がさかんだったことがわかるよね。

ムラ同士《どうし》の争《あらそ》いもあった弥生時代《やよいじだい》

そのころのムラでは、たくわえたコメを管《かん》理《り》したり、共同作業《きょうどうさぎょう》を指示《しじ》する役割《やくわり》の指導者《しどうしゃ》があらわれ、ムラを支配《しはい》するようになったんだ。また、ムラ同士《どうし》の争《あらそ》いも多《おお》かったらしく、吉野ヶ里遺跡《よしのがりいせき》のほりは、敵《てき》が入《はい》ってくるのを防《ふせ》ぐため、深《ふか》さが3・5メートルもある。

そして、ほりだけでなく、敵《てき》を見張《みは》る物見《ものみ》やぐらが、何《なん》カ所《しょ》か設置《せっち》されていたんだよ。

弥生人《やよいじん》の暮《く》らしがわかる

復元《ふくげん》！ 吉野《よしの》ヶ《が》里《り》遺跡《いせき》

◉海外《かいがい》との交流《こうりゅう》

近《ちか》くの有明海《ありあけかい》を通《つう》じて大陸《たいりく》から運《はこ》ばれた、青銅《せいどう》の剣《つるぎ》やガラスの玉《たま》が見《み》つかっている。

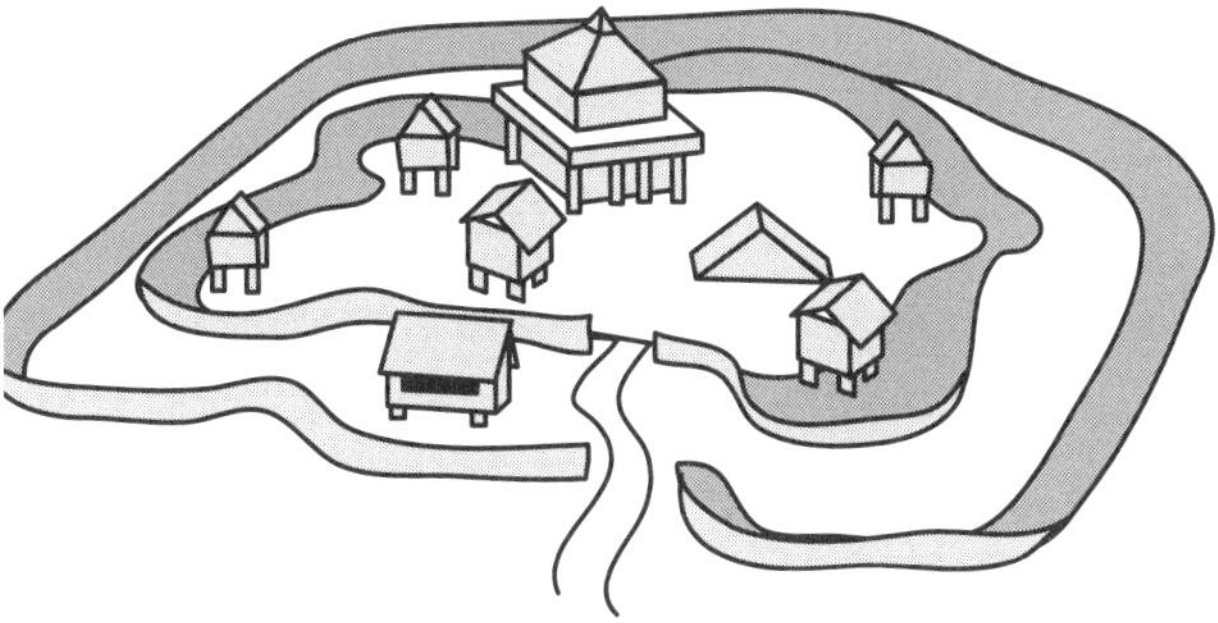

◉ムラ同士《どうし》の戦《たたか》い

遺跡《いせき》のまわりには深《ふか》さが3.5メートルのほりがある。これは敵《てき》が入《はい》ってくるのを防《ふせ》ぐため。

コメづくりが人《ひと》びとの争《あらそ》いを生《う》んだ

ムラからクニへ

コメづくりのための土地《とち》をめぐる争《あらそ》いが、リーダーをつくり、クニをつくったんだ。

コメづくりが伝《つた》わると、ムラの人《ひと》びとは、共同《きょうどう》で作業《さぎょう》をするようになった。水田《すいでん》を広《ひろ》げたり、水路《すいろ》をつくったりして、コメの生産《せいさん》をふやそうとがんばったんだね。こうしてムラは、だんだんと大《おお》きくなっていったんだ。

やがて、たくわえたコメを管理《かんり》したり、共《きょう》同作業《どうさぎょう》を指示《しじ》したりするリーダーがあらわれ、ムラを支配《しはい》するようになった。人《ひと》びとの間《あいだ》に役割《やくわり》のちがい、つまり身分《みぶん》の差《さ》が生《う》まれることになったんだよ。

ムラが大《おお》きくなるにつれ、コメがよくとれる土地《とち》、田《た》んぼに必要《ひつよう》な水《みず》、たくわえたコメなどをめぐって、ムラ同士《どうし》の争《あらそ》いが起《お》こるようになったんだ。

争《あらそ》いに勝《か》って土地《とち》を広《ひろ》げる

争《あらそ》いに勝《か》ったムラの指導者《しどうしゃ》は、負《ま》けたムラを支配《しはい》する豪族《ごうぞく》となった。強《つよ》い豪族《ごうぞく》は、さらに周囲《しゅうい》の豪族《ごうぞく》をしたがえて、多《おお》くのムラを支《し》配《はい》するようになる。ムラはどんどん大《おお》きくなり、ついにクニとよばれるようになったんだ。

そんなクニのひとつが邪馬台国《やまたいこく》だよ。

海《うみ》をわたって新《あたら》しい技術《ぎじゅつ》を得《え》る

中国《ちゅうごく》に使《つか》いを送《おく》る

100以上《いじょう》のクニがあった日本《にほん》。それぞれのクニが強《つよ》くなるため中国《ちゅうごく》に使者《ししゃ》を送《おく》ったんだ。

弥生時代《やよいじだい》になるとムラはどんどん大《おお》きくなり、クニへと成長《せいちょう》していった。ところでそのころの日本《にほん》には、いくつぐらいのクニがあったと思《おも》う？　1世紀《せいき》につくられた中国《ちゅうごく》の歴史書《れきししょ》『漢書《かんじょ》』にそのことが書《か》かれているんだ。それによると、「倭《わ》（日本《にほん》のこと）は百余国《ひゃくよこく》にわかれ、朝鮮半島《ちょうせんはんとう》にあった中国《ちゅうごく》の領地《りょうち》のひとつ、楽浪郡《らくろうぐん》に使者《ししゃ》を送《おく》っている」とある。

邪馬台国《やまたいこく》の卑弥呼《ひみこ》も、魏《ぎ》（中国《ちゅうごく》）に使《つか》いを送《おく》り、「親魏倭王《しんぎわおう》」という称号《しょうごう》とたくさんの銅鏡《どうきょう》をおくられたことが、中国《ちゅうごく》の歴史書《れきししょ》「魏志《ぎし》」倭人伝《わじんでん》に書《か》かれているんだよ。

中国《ちゅうごく》との仲《なか》が強《つよ》さのしるし

そのころの日本《にほん》は、小《ちい》さなクニがたくさんできていて、そのクニの王《おう》たちが、すすんだ中国《ちゅうごく》の文化《ぶんか》や技術《ぎじゅつ》を手《て》に入《い》れようとして、使者《ししゃ》を中国《ちゅうごく》に送《おく》っていたんだね。そして、中国《ちゅうごく》の皇帝《こうてい》と会《あ》ったという証拠《しょうこ》、たとえば金印《きんいん》などがあれば、日本《にほん》での権威《けんい》が高《たか》まったんだ。だから、中国《ちゅうごく》へ行《い》くのはとてもたいへんだったんだけど、王《おう》たちは使者《ししゃ》を出《だ》したんだね。

農具《のうぐ》からお守《まも》りにまで使《つか》える

金印《きんいん》・金属《きんぞく》（青銅《せいどう》・鉄《てつ》）が伝《つた》わる

大陸《たいりく》からいろんな技術《ぎじゅつ》がやってきたけど、なかでも金属《きんぞく》はとても大切《たいせつ》なものなんだ。

コメづくりが伝《つた》わったころ、鉄器《てっき》や青銅器《せいどうき》も、渡来人《とらいじん》たちによって日本《にほん》に伝《つた》えられた。それと同時《どうじ》に、はた織《お》りや鍛冶《かじ》など、大陸《たいりく》のすすんだ技術《ぎじゅつ》・文化《ぶんか》が日本《にほん》にもやってきた。

クニの豪族《ごうぞく》や王《おう》たちは、渡来人《とらいじん》をすすんで受《う》け入れ、クニづくりに役立《やくだ》てていったんだ。

金属《きんぞく》は、木製《もくせい》のものに比《くら》べてとてもじょうぶだから、農具《のうぐ》に使《つか》われるようになると、コメの生産量《せいさんりょう》がぐんと上《あ》がった。また、剣《つるぎ》などの武器《ぶき》にしたり、敵《てき》から身《み》を守《まも》る道具《どうぐ》としても使《つか》われた。さらに、金属《きんぞく》はとても貴重《きちょう》なものだったので、権威《けんい》をあらわす象徴《しょうちょう》として使《つか》われるようにもなったんだ。

お祭《まつ》りの道具《どうぐ》に必要《ひつよう》な金属《きんぞく》

ムラやクニでは、ゆたかな秋《あき》の実《みの》りをお祈《いの》りしたり、たくさんの収穫物《しゅうかくぶつ》に感謝《かんしゃ》したりするお祭《まつ》りがおこなわれた。そのお祭《まつ》りには、銅鐸《どうたく》などの金属器《きんぞくき》が欠《か》かせなかった。

銅鐸《どうたく》には、人《ひと》びとがコメをだっこくしているようすや高床倉庫《たかゆかそうこ》などがえがかれている。そのころの生活《せいかつ》のようすが想像《そうぞう》できるね。

多《おお》くのものが伝《つた》わったゾ

海《うみ》をわたってきた道具《どうぐ》

◉大陸《たいりく》から伝《つた》わったもの

鉄器《てっき》や青銅器《せいどうき》のほかにも、はた織《お》りや鍛冶《かじ》などの技術《ぎじゅつ》も大陸《たいりく》から伝《つた》わった。

銅剣《どうけん》

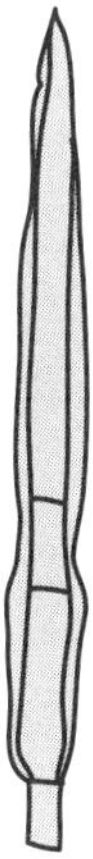

鉄《てつ》の刃《は》の鋤《すき》

銅鐸《どうたく》

◉祭《まつ》りや戦《たたか》いに使《つか》われる

金属《きんぞく》は貴重《きちょう》だったので、剣《つるぎ》などの武器《ぶき》や、祭《まつ》りで使《つか》う銅鐸《どうたく》などに使《つか》われた。

女王《じょおう》は占《うらな》いでクニを治《おさ》めた
邪《や》馬《ま》台《たい》国《こく》と女《じょ》王《おう》・卑《ひ》弥《み》呼《こ》

みんなが知《し》ってる邪馬台国《やまたいこく》は、今《いま》でもどこにあったのかわかっていない、ナゾのクニだぞ。

邪馬台国《やまたいこく》がどこにあったのかについては、昔《むかし》からいろんな説《せつ》がある。その説《せつ》を大《おお》きく分《わ》けると、近畿説《きんきせつ》（奈良県《ならけん》あたり）と九州説《きゅうしゅうせつ》が有力《ゆうりょく》だとされてきたんだ。

「魏志《ぎし》」倭人伝《わじんでん》には、どういう道順《みちじゅん》で邪馬台《やまたい》国《こく》に着《つ》いたかということや、卑弥呼《ひみこ》には100枚《まい》の銅鏡《どうきょう》をおくったことなどが書《か》かれているよ。

それで、「その道順《みちじゅん》だと九州《きゅうしゅう》に着《つ》くんじゃないか?」「いや、近畿《きんき》だろう」というふうに、あれこれ考《かん》えられてきたんだ。

箸墓古墳《はしはかこふん》が卑弥呼《ひみこ》のお墓《はか》?

邪馬台国《やまたいこく》があった場所《ばしょ》は今《いま》もナゾだけど、最近《さいきん》では近畿説《きんきせつ》が有力《ゆうりょく》になってきている。

もともと近畿地方《きんきちほう》では、魏《ぎ》の国《くに》からおくられたとみられる多《おお》くの銅鏡《どうきょう》が発見《はっけん》されている。そして奈良県《ならけん》の纏向遺跡《まきむくいせき》が邪馬台国《やまたいこく》で、そのなかにある箸墓古墳《はしはかこふん》が卑弥呼《ひみこ》の墓《はか》じゃないのかと考《かん》えられるようになった。

九州《きゅうしゅう》にも、卑弥呼《ひみこ》の墓《はか》といわれる場所《ばしょ》が何《なん》カ所《しょ》かあるけど、本当《ほんとう》はどうなんだろうね。

古墳時代《こふんじだい》

国《くに》が生《う》まれて、古墳《こふん》ができた

〈トピックス〉

巨大古墳《きょだいこふん》をつくるゾ　の巻《まき》

この時代《じだい》は 強《つよ》い豪族《ごうぞく》たちが
集《あつ》まって政治《せいじ》をおこなっていて
その中《なか》でいちばん権力《けんりょく》のある人《ひと》が
大王《おおきみ》に選《えら》ばれます！
あの
馬《うま》の上《うえ》で
みてる人《ひと》が
大王《おおきみ》？
ピカーッ
会社《かいしゃ》の社長《しゃちょう》サン
くらいエラそう…
あそこで働《はたら》いてる
人《ひと》たちは？
ワイ
ワイ
豪族《ごうぞく》が支配《しはい》して
いる村《むら》の人《ひと》たちです
会社《かいしゃ》でいえば
社員《しゃいん》サン？
ワッセーワッセ
いつの時代《じだい》も
社員《しゃいん》は重労働《じゅうろうどう》だな
社長《しゃちょう》はいいなァ…
オレも
なれる
かなァ…？
出世《しゅっせ》しろよ
村《むら》の人《ひと》に
インタビュー
してみましょう
村人《むらびと》
代表《だいひょう》
です
しんちゃんのパパ
そっくり…

古墳《こふん》づくりはかんたんそうだけど 高度《こうど》な技術力《ぎじゅつりょく》と 長年《ながねん》にわたる労働力《ろうどうりょく》が必要《ひつよう》です
あそこにいる人《ひと》は韓《かん》（朝鮮半島《ちょうせんはんとう》）の土木技術者《どぼくぎじゅつしゃ》だよ
古墳《こふん》をつくるにはまず設計図《せっけいず》をえがき その形《かたち》を地面《じめん》に写《うつ》す！
じっけん じっけん
古墳《こふん》の輪郭《りんかく》のまわりに溝《みぞ》をほって水《みず》を入《い》れると
水面《すいめん》はどこも同《おな》じ高《たか》さになるので古墳全体《こふんぜんたい》の水平基準《すいへいきじゅん》となる！
じょぼぼ
水面《すいめん》から高《たか》さを測《はか》りつつ今度《こんど》は土《つち》をもり上《あ》げていく
ほー
ワイワイ
土《つち》をもり上《あ》げたら白《しろ》い石《いし》を斜面《しゃめん》にしきつめるんだ
何万個《なんまんこ》も必要《ひつよう》だね
重《おも》っ
お
馬《うま》のオモチャ？
植木鉢《うえきばち》みたいにかたいや
コン
コー

これは はにわといってね 大王《おおきみ》が死後《しご》の世界《せかい》でさびしくないように古墳《こふん》に入《い》れるんだ
オラならTV《テレビ》ゲームのほうがいいけど
日用品《にちようひん》を再現《さいげん》したものや古墳《こふん》を補強《ほきょう》するものなどいろんなはにわがあります
これ並《なら》べたら完成《かんせい》?
いや! いちばん大切《たいせつ》なことがある
大王《おおきみ》の石《いし》の柩《ひつぎ》を設置《せっち》すること
よいしょ
チョー重《おも》いので 木製《もくせい》の巨大《きょだい》なソリを使《つか》います
※こんなカタチ
ピッ
これが完成予定図《かんせいよていず》です
白《しろ》い石《いし》で輝《かがや》いてる!!
でも完成《かんせい》までには あと5年《ねん》はかかるよ…
りっぱなお墓《はか》だろ?

村《むら》じゃ妻《つま》と子《こ》どもだけで畑仕事《はたけしごと》をしているから貧《まず》しくなるばかりだ
なんとかしないと…
おーい!!
よく聞《き》け! 九州《きゅうしゅう》の豪族《ごうぞく》磐井《いわい》がわが大王《おおきみ》にそむいて反乱《はんらん》を起《お》こした!!
戦争《せんそう》か!?
この戦《たたか》いのために兵士《へいし》を募集《ぼしゅう》する!!
よっしゃーチャンスだっ!!
え!?
九州《きゅうしゅう》まで戦《たたか》いに行《い》くのか? 命《いのち》がけだぞ
古墳《こふん》づくりだって命《いのち》がけさ
兵士《へいし》として絶対手《ぜったいて》がらを立《た》ててやる!! オレはうんと出世《しゅっせ》するんだ!!
出世《しゅっせ》すればおじさんいいお墓《はか》たててもらえるね
墓《はか》はいらん

大王《おおきみ》からほうびをいただけば子《こ》どもや妻《つま》が生活《せいかつ》できる！
長旅《ながたび》になるから家族《かぞく》にあいさつしてから行《い》こう
あれがオレの家《いえ》だ！
昔《むかし》の人《ひと》ってたいへんだなあ…
……
いかんいかん会社《かいしゃ》に遅刻《ちこく》しちゃう
ペタペタ
なんだ？また古墳《こふん》づくりか？
父《とう》ちゃんの弁当《べんとう》
サンキュー!!いっぱい働《はたら》いて出世《しゅっせ》してくるぜ
!
手紙《てがみ》も読《よ》んでね
お—
愛情弁当《あいじょうべんとう》ですね！
ええまあ…
家族《かぞく》に愛《あい》されてますね 野原《のはら》さん
しゅっせしなくていいからながいきしろよ

大王《おおきみ》が日本《にほん》をひとつにする

国《くに》をまとめた大和政権《やまとせいけん》

大和《やまと》で生《う》まれた大和政権《やまとせいけん》は、武力《ぶりょく》で全国《ぜんこく》の豪族《ごうぞく》たちをしたがわせていったんだ。

4世紀《せいき》から5世紀《せいき》にかけて、大和地方《やまとちほう》（今《いま》の奈良県《ならけん》から大阪府南東部《おおさかふなんとうぶ》）の豪族《ごうぞく》たちが連《れん》合《ごう》して、それまでと比《くら》べて大《おお》きな国《くに》をつくった。これを大和政権《やまとせいけん》といい、そのリーダー的《てき》な人物《じんぶつ》を大王《おおきみ》（のちの天皇《てんのう》）とよんだんだ。

大和政権《やまとせいけん》は、大和地方《やまとちほう》だけでなく、各地《かくち》に勢力《せいりょく》を拡大《かくだい》。5世紀《せいき》の末《すえ》ごろまでに、九州《きゅうしゅう》から関東地方《かんとうちほう》にかけての豪族《ごうぞく》や王《おう》たちをしたがえていったんだ。

なんでこんなことがわかるのかというと、8世紀《せいき》のはじめにつくられた『古事記《こじき》』や『日本書紀《にほんしょき》』という歴史書《れきししょ》にまとめられているからだよ。

ヤマトタケルの物語《ものがたり》

たとえば、地方《ちほう》の豪族《ごうぞく》をしたがわせたようすは、大王《おおきみ》の息子《むすこ》であるヤマトタケルノミコトの物語《ものがたり》を見《み》ると、——武勇《ぶゆう》にすぐれたヤマトタケルノミコトは、父《ちち》の命令《めいれい》で、大和政権《やまとせいけん》にしたがわない九州《きゅうしゅう》や山陰《さんいん》の豪族《ごうぞく》をほろぼした。さらに東国《とうごく》（関東地方《かんとうちほう》）へ行《い》き、さまざまな困難《こんなん》をのりこえ、各地《かくち》の豪族《ごうぞく》をしたがわせた。けれど、大和《やまと》へ帰《かえ》る途中《とちゅう》に病気《びょうき》で死《し》んでしまった。でも、魂《たましい》は白《しろ》い鳥《とり》になって大和《やまと》のほうへ飛《と》んでいった――とある。

この物語《ものがたり》は神話《しんわ》だから、できごとをそのまま伝《つた》えたものではないといわれている。日本《にほん》各地《かくち》へ出《で》かけていった勇者《ゆうしゃ》たちの話《はなし》を、ひとりの英雄《えいゆう》としてまとめたものかもしれない。どこまで本当《ほんとう》にあったことかはわからないけれど、そのころの人《ひと》びとの考《かんが》えを知《し》る手《て》がかりとして役《やく》に立《た》っているんだ。

古墳《こふん》でもわかる大和《やまと》政権《せいけん》の力《ちから》

また、大和政権《やまとせいけん》の勢力《せいりょく》の広《ひろ》がりは、前方後《ぜんぽうこう》円墳《えんふん》が全国《ぜんこく》に広《ひろ》がったことからでもわかるんだ。3世紀後半《せいきこうはん》まで古墳《こふん》は、近畿地方《きんきちほう》を中心《ちゅうしん》に西日本《にしにほん》でつくられていた。でも、5世紀《せいき》以降《いこう》は、東日本《ひがしにほん》や南九州《みなみきゅうしゅう》にまで広《ひろ》がった。そのころに、各地《かくち》の豪族《ごうぞく》が朝廷《ちょうてい》にしたがっていったことをあらわしているんだね。

埼玉県《さいたまけん》の古墳《こふん》からは、文字《もじ》がきざまれた鉄剣《てっけん》が見《み》つかり、「私《わたくし》は、この剣《けん》をつくらせたオワケである。私《わたくし》の家《いえ》は大王《おおきみ》を守《まも》る軍隊《ぐんたい》の隊長《たいちょう》を代々《だいだい》つとめ、私《わたくし》はワカタケル大王《おおきみ》（雄略天皇《ゆうりゃくてんのう》）につかえていた」と書《か》かれている。大和政権《やまとせいけん》の権力《けんりょく》が、埼玉県《さいたまけん》にまでおよんでいたことがわかったんだ。

このワカタケル大王《おおきみ》は、5世紀末《せいきまつ》の大王《おおきみ》で、中国《ちゅうごく》の歴史書《れきししょ》にあらわれる倭《わ》の五王《ごおう》のひとり「武《ぶ》」だといわれているよ。

日本《にほん》にすすんだ文化《ぶんか》、技術《ぎじゅつ》をもたらした

朝鮮《ちょうせん》からの渡来人《とらいじん》

日本《にほん》にやってきた渡来人《とらいじん》たち。かれらは日本《にほん》に、鉄器《てっき》の生産方法《せいさんほうほう》や、漢字《かんじ》を伝《つた》えたんだ。

山《やま》のように大《おお》きなお墓《はか》

豪族《ごうぞく》のお墓《はか》を古墳《こふん》とよぶけれども、弥生時代《やよいじだい》の終《お》わりには、すでに丘《おか》のような形《かたち》の古墳《こふん》がつくられていた。しかし、古墳《こふん》が本格的《ほんかくてき》につくられはじめたのは4〜7世紀《せいき》ごろで、とくに5世紀《せいき》には、大和政権《やまとせいけん》のあった近畿地方《きんきちほう》で巨大《きょだい》な前方後円墳《ぜんぽうこうえんふん》（円形《えんけい》と四角《しかく》を組《く》み合《あ》わせた形《かたち》の古墳《こふん》）がつくられたんだ。

でも、どうやって大《おお》きな古墳《こふん》がつくられるようになったんだろう？　世界最大《せかいさいだい》のお墓《はか》といわれる大仙陵古墳《だいせんりょうこふん》（仁徳天皇陵《にんとくてんのうりょう》と伝《つた》わる）は、全長約《ぜんちょうやく》486《メートル》もあるんだ。それほど大《おお》きな建造物《けんぞうぶつ》をつくる技術《ぎじゅつ》を、そのころの日本人《にほんじん》は持《も》っていたんだろうか？

渡来人《とらいじん》が技術《ぎじゅつ》を伝《つた》えた

その答《こた》えのカギをにぎるのは、4〜5世紀《せいき》に、大陸《たいりく》や朝鮮半島《ちょうせんはんとう》から日本《にほん》にわたってきた渡来人《とらいじん》とよばれる人《ひと》たちなんだ。

そのころの日本《にほん》の王《おう》は、中国《ちゅうごく》や朝鮮半島《ちょうせんはんとう》との交流《こうりゅう》をしていたので、大陸《たいりく》のすすんだ知識《ちしき》、技術《ぎじゅつ》のことは、とうぜん知《し》っていたんだ。だから、その技術《ぎじゅつ》が得《え》られると、喜《よろこ》んで渡来人《とらいじん》たちをむかえたんだよ。

そうやって渡来人《とらいじん》とともに、鉄器《てっき》やはにわを生産《せいさん》する技術《ぎじゅつ》をはじめ、はた織《お》り、金属工芸《きんぞくこうげい》、土木《どぼく》技術《ぎじゅつ》などを手《て》に入《い》れたんだ。とくに大陸《たいりく》の土木《どぼく》技術《ぎじゅつ》がなければ、大《おお》きな古墳《こふん》はつくれなかったんだよ。大和政権《やまとせいけん》では、渡来人《とらいじん》たちを、はた織《お》り、はにわづくり、土木《どぼく》など、得意《とくい》な技術《ぎじゅつ》ごとにグループ分《わ》けして、各地《かくち》に住《す》まわせたんだ。

渡来人《とらいじん》からは、技術《ぎじゅつ》だけでなく、すすんだ知識《ちしき》も日本《にほん》に伝《つた》えられた。漢字《かんじ》が日本《にほん》で使《つか》われるようになったのも、そのころなんだ。それまで日本《にほん》には文字《もじ》がなかったんだね。それではじめて、さまざまな事柄《ことがら》を記録《きろく》できるようになったんだ。

渡来人《とらいじん》が日本《にほん》を変《か》えた!?

渡来人《とらいじん》たちがもたらした技術《ぎじゅつ》や知識《ちしき》は、日本人《にほんじん》に教《おし》えられたけれども、まだ日本人自身《にほんじんじしん》が自由《じゆう》に使《つか》いこなすところまではいかなかった。それで漢字《かんじ》を使《つか》って文書《ぶんしょ》をつくるのは、渡来人《とらいじん》が担当《たんとう》していたんだ。そして、渡来人《とらいじん》たちは、大和政権《やまとせいけん》のなかで重要《じゅうよう》な役割《やくわり》をになうようになっていったんだよ。

渡来人《とらいじん》がいなかったら、日本《にほん》に大陸《たいりく》からのすすんだ知識《ちしき》や技術《ぎじゅつ》が入《はい》ってこなかったんだ。ということは、日本《にほん》の歴史《れきし》が変《か》わっていたかもしれないよね。

大《おお》きな山《やま》は、じつはお墓《はか》だった

世界《せかい》一《いち》のお墓《はか》・古墳《こふん》

古墳《こふん》とよばれる豪族《ごうぞく》のお墓《はか》は、大《おお》きくて、完成《かんせい》まで10年《ねん》以上《いじょう》もかかったんだよ。

渡来人《とらいじん》たちの技術《ぎじゅつ》のおかげで、日本各地《にほんかくち》に小山《こやま》のように大《おお》きな、古墳《こふん》とよばれるお墓《はか》が残《のこ》っている。これらは、今《いま》から1700〜1500年前《ねんまえ》につくられた豪族《ごうぞく》のお墓《はか》なんだ。古墳《こふん》は遠《とお》くからでも目立《めだ》つ場所《ばしょ》にあることが多《おお》いので、豪族《ごうぞく》の力《ちから》を広《ひろ》く知《し》らせることが目《もく》的《てき》だったにちがいないね。

なんと完成《かんせい》までに15年《ねん》！

古墳《こふん》をつくるときは、最初《さいしょ》にほりをつくって、その土《つち》を設計図《せっけいず》どおりにもり上《あ》げていく方法《ほうほう》が一般的《いっぱんてき》だ。まずは渡来人《とらいじん》の技術者《ぎじゅつしゃ》が設《せっ》計《けい》をして模型《もけい》をつくる。設計《せっけい》どおりに地面《じめん》にくいを打《う》ち、綱《つな》を張《は》って位置《いち》をはっきりさせてから作業《さぎょう》にかかるんだ。

修羅《しゅら》とよばれるソリで重《おも》いものを動《うご》かしたけれども、すべて人《ひと》が運《はこ》んだんだ。もり土《つち》の形《かたち》が整《ととの》ったら、頂上《ちょうじょう》に巨大《きょだい》な石《いし》を運《はこ》んで石室《せきしつ》（遺体《いたい》を安置《あんち》するところ）をつくり、さらに柩《ひつぎ》を運《はこ》んでくる。古墳《こふん》の表面《ひょうめん》は、ふき石《いし》でおおうんだよ。

古墳《こふん》づくりの最後《さいご》の仕上《しあ》げは、頂上《ちょうじょう》や古墳《こふん》

のまわりに、はにわを並《なら》べること。古墳《こふん》に並《なら》べられた筒型《つつがた》の円筒《えんとう》はにわは、古墳《こふん》の土《つち》がくずれないように置《お》いたものと考《かんが》えられているんだ。

ちなみに、大仙陵古墳《だいせんりょうこふん》の場合《ばあい》、もり上《あ》げた土《つち》は5トントラックで56万台以上《まんだいいじょう》、つくるのにかかった年月《ねんげつ》は、15年《ねん》8カ月《げつ》、のべ680万《まん》人《にん》の人《ひと》が働《はたら》いた計算《けいさん》になる。すごい大工事《だいこうじ》だったんだね。

もっとすごいのが、石室《せきしつ》におさめられた品《しな》物《もの》だ。石室《せきしつ》には剣《つるぎ》や銅鏡《どうきょう》、勾玉《まがたま》、よろい、かぶと、馬具《ばぐ》、冠《かんむり》、指輪《ゆびわ》など、ごうかなものばかりがおさめられていた。大陸《たいりく》のすすんだ文化《ぶんか》を取《と》り入《い》れた豪族《ごうぞく》たちの力《ちから》の大《おお》きさがわかるよね。

近畿地方《きんきちほう》から全国《ぜんこく》へ

古墳《こふん》は、九州地方《きゅうしゅうちほう》から東北地方《とうほくちほう》まで、全国《ぜんこく》につくられている。そのなかでも、前方後円《ぜんぽうこうえん》墳《ふん》は、古《ふる》いもの、大《おお》きなものが多《おお》く、近畿地《きんきち》方周辺《ほうしゅうへん》に集中《しゅうちゅう》しているんだ。大和政権《やまとせいけん》の王《おう》や豪族《ごうぞく》など、権力《けんりょく》のある人《ひと》たちが多《おお》くいたためだね。

6世紀《せいき》ぐらいになると、全国各地《ぜんこくかくち》に円墳《えんふん》や方墳《ほうふん》が多《おお》くつくられるようになるんだ。古墳《こふん》全体《ぜんたい》の数《かず》からいったら、前方後円墳《ぜんぽうこうえんふん》、前方後《ぜんぽうこう》方墳《ほうふん》などより、円墳《えんふん》や方墳《ほうふん》のほうがずっと多《おお》い。これは、大和政権《やまとせいけん》の勢力《せいりょく》が全国《ぜんこく》に広《ひろ》がり、地方《ちほう》の豪族《ごうぞく》や配下《はいか》の有力農民《ゆうりょくのうみん》が、きそって古《こ》墳《ふん》をつくったからだろうといわれているんだ。

リアルにつくられた土人形《つちにんぎょう》

はにわでわかる当時《とうじ》の生活《せいかつ》

古墳《こふん》のなかにおさめられたはにわは、人《ひと》の形《かたち》をしたものから馬《うま》や家《いえ》まで、いろいろあるぞ。

3世紀後半《せいきこうはん》から、西日本《にしにほん》を中心《ちゅうしん》に数多《かずおお》くつくられた古墳《こふん》は、豪族《ごうぞく》や王《おう》がほうむられただけでなく、生《い》きているときに大切《たいせつ》にしていた鉄《てつ》かぶとや剣《つるぎ》などの武器《ぶき》、馬具《ばぐ》、勾玉《まがたま》などの装飾品《そうしょくひん》がいっしょにおさめられていることがあった。そして、古墳《こふん》をおおうもり土《つち》の上《うえ》には、いろいろなはにわが立《た》てられていた。

はにわは、土《つち》をこねて素焼《すや》きにしてつくるんだけど、こまかいところまできちんとえがかれているんだ。刀《かたな》を持《も》った兵士《へいし》や農民《のうみん》などの人物《じんぶつ》をあらわすものや、動物《どうぶつ》や家《いえ》などもあった。とてもリアルにつくられているから、たとえば、当時《とうじ》の人《ひと》たちの服装《ふくそう》や家《いえ》の形《かたち》などを、はにわから知《し》ることができるんだ。

人形《ひとがた》のはにわのナゾ

円筒形《えんとうけい》のはにわは、古墳《こふん》がくずれないように置《お》いたものとされていて、人《ひと》や動物《どうぶつ》の形《かたち》をしたはにわは、ほうむられた人《ひと》のお葬式《そうしき》のようすを示《しめ》すのではといわれている。ほかにもいろいろな説《せつ》があるけれど、本当《ほんとう》のことはまだ、わかっていないんだ。

人《ひと》、動物《どうぶつ》、家《いえ》まであるよ

いろんなはにわ

◉はにわで姿《すがた》や形《かたち》が伝《つた》わる

土《つち》をこねてつくられたはにわは、どれもリアルにつくられたから、当時《とうじ》の生活《せいかつ》がよくわかる。

◉つくられた理由《りゆう》

人《ひと》や動物《どうぶつ》などのはにわが、どうしてつくられたか、その本当《ほんとう》の理由《りゆう》は、まだわかっていない。

日本《にほん》の文化《ぶんか》のもととなる

渡《と》来《らい》人《じん》が伝《つた》えた技《ぎ》術《じゅつ》と文《ぶん》化《か》

農作業《のうさぎょう》の技術《ぎじゅつ》や漢字《かんじ》、仏教《ぶっきょう》など、新《あたら》しい文化《ぶんか》を取《と》り入《い》れて日本《にほん》は発展《はってん》していったんだ。

4～5世紀《せいき》になると、大陸《たいりく》や朝鮮半島《ちょうせんはんとう》から渡来人《とらいじん》とよばれる人《ひと》たちが日本《にほん》にやってきた。このころの中国《ちゅうごく》や朝鮮《ちょうせん》は、いくつかの国《くに》に分《わ》かれて争《あらそ》っていたんだ。

中国《ちゅうごく》では三国時代《さんごくじだい》を終《お》わらせた晋《しん》の時代《じだい》が続《つづ》いていたけど、やがて北魏《ほくぎ》（北朝《ほくちょう》）と宋《そう》（南朝《なんちょう》）が対立《たいりつ》する南北朝時代《なんぼくちょうじだい》になっていった。

朝鮮《ちょうせん》では、高句麗《こうくり》、百済《くだら》、新羅《しらぎ》という3つの国《くに》が争《あらそ》っていた。この3つの国《くに》の南《みなみ》にあったのが伽耶《かや》だ。他《ほか》の国《くに》のようにしっかりまとまっていたわけではなく、小《ちい》さな国《くに》が集《あつ》まっていたから伽耶諸国《かやしょこく》ともよばれるよ。伽耶《かや》は日本《にほん》にとっていちばん近《ちか》い外国《がいこく》で、つながりはかなり深《ふか》かったんだ。

朝《ちょう》鮮《せん》に出《しゅっ》兵《ぺい》した大《や》和《まと》政《せい》権《けん》

4世紀後半《せいきこうはん》に高句麗《こうくり》が南《みなみ》へと攻《せ》めたとき、日本《にほん》は百済《くだら》と伽耶《かや》に味方《みかた》して高句麗《こうくり》と戦《たたか》った。そのことは高句麗《こうくり》の好太王碑《こうたいおうひ》にもちゃんと書《か》かれている。このころまで、日本《にほん》では馬《うま》に乗《の》る習慣《しゅうかん》がなかったけど、この戦《たたか》いでそれを学《まな》んだともいわれているよ。

このころ、大和政権《やまとせいけん》の王《おう》は、九州地方《きゅうしゅうちほう》から東北地方南部《とうほくちほうなんぶ》までの豪族《ごうぞく》たちをしたがえて大王《おおきみ》とよばれるようになっていた。日本《にほん》でそれだけ大《おお》きな勢力《せいりょく》を築《きず》けていたこともあり、朝鮮《ちょうせん》での影響力《えいきょうりょく》も大《おお》きくなっていた。

そして大王《おおきみ》たちは中国《ちゅうごく》の皇帝《こうてい》に使《つか》いを送《おく》って、自分《じぶん》が「倭《わ》の王《おう》」であり、朝鮮半島南部《ちょうせんはんとうなんぶ》での支配権《しはいけん》を持《も》っていることを認《みと》めてもらおうともしていたんだ。この時代《じだい》から日本《にほん》と朝鮮《ちょうせん》と中国《ちゅうごく》は、領地《りょうち》や権力《けんりょく》をめぐる関《かか》わり合《あ》いがあったということだね。

仏教伝来《ぶっきょうでんらい》は6世紀《せいき》

渡来人《とらいじん》によって伝《つた》えられたものはいろいろある。古墳《こふん》などをつくる土木技術《どぼくぎじゅつ》や金属工芸《きんぞくこうげい》、はた織《お》りなどについては、前《まえ》のページでしょうかいしたね。

漢字《かんじ》も渡来人《とらいじん》によって伝《つた》えられたものだ。漢字《かんじ》で名前《なまえ》や地名《ちめい》をあらわせるようになると、いろんな記録《きろく》を残《のこ》せるようになったんだ。このころから大王家《おおきみけ》のことや世《よ》の中《なか》に伝《つた》わる説話《せつわ》などを書《か》き残《のこ》せるようになっていたから、この後《あと》の8世紀《せいき》に『古事記《こじき》』や『日本書紀《にほんしょき》』をまとめるのにも役立《やくだ》っている。

儒教《じゅきょう》や仏教《ぶっきょう》も渡来人《とらいじん》によって伝《つた》えられた。かんたんにいうと、儒教《じゅきょう》は主君《しゅくん》への忠誠《ちゅうせい》や親孝行《おやこうこう》をしようとする考《かん》え方《かた》で、今《いま》も朝鮮《ちょうせん》では大切《たいせつ》にされている。

仏教《ぶっきょう》は日本人《にほんじん》にとって重要《じゅうよう》な宗教《しゅうきょう》だけど、大陸《たいりく》から伝《つた》えられたものなんだね。

おコメの収穫《しゅうかく》は神様《かみさま》だのみ

村《むら》の大《たい》切《せつ》なお祭《まつ》り

呪《のろ》いや神《かみ》を信《しん》じていたこの時代《じだい》、その年《とし》の豊作《ほうさく》を願《ねが》うお祭《まつ》りはとても大事《だいじ》な行事《ぎょうじ》なんだ。

　古墳《こふん》がつくられていた時代《じだい》でも、人《ひと》びとが暮《く》らす村《むら》や国《くに》でいちばん大切《たいせつ》なことは、弥生《やよい》時代《じだい》から続《つづ》く農業《のうぎょう》に関《かん》するお祭《まつ》りだったんだ。なかでも、豊作《ほうさく》をお祈《いの》りする春《はる》の「祈年《としごい》の祭《まつ》り」や、収穫《しゅうかく》に感謝《かんしゃ》する秋《あき》の「新嘗《にいなめ》の祭《まつ》り」は重要《じゅうよう》だった。

　また、高《たか》い樹木《じゅもく》や巨大《きょだい》な岩《いわ》などの自然神《しぜんしん》や、氏《うじ》の祖先神《そせんしん》（氏神《うじがみ》）をまつるようにもなったんだ。

　祭《まつ》りのときは、けがれをはらい、災《わざわ》いをまぬかれるために禊《みそぎ》や祓《はらえ》などの呪術的《じゅじゅつてき》な儀式《ぎしき》もおこなっていた。禊《みそぎ》は、川《かわ》や海《うみ》の水《みず》で体《からだ》を清《きよ》めること。祓《はらえ》は災厄《さいやく》をまぬかれるための儀式《ぎしき》のことなんだ。

神《かみ》による裁判《さいばん》「盟神探湯《くかたち》」

　それから、「太占《ふとまに》の法《ほう》」は、シカの骨《ほね》を焼《や》いて吉凶《きっきょう》を占《うらな》う方法《ほうほう》。変《か》わったところでは、裁判《さいばん》のときに熱湯《ねっとう》に手《て》を入《い》れさせ手《て》がただれたら有罪《ゆうざい》とする「盟神探湯《くかたち》」などもある。人《ひと》びとは、卑弥呼《ひみこ》の時代《じだい》から続《つづ》く呪術《じゅじゅつ》を信《しん》じていたんだね。

飛鳥時代《あすかじだい》①

仏教《ぶっきょう》が伝《つた》わり、政治《せいじ》が生《う》まれた

厩戸王《うまやどのおう》（聖徳太子《しょうとくたいし》）は賢《かしこ》いゾ！　の巻《まき》

厩戸王《うまやどのおう》（聖徳太子《しょうとくたいし》）は幼《おさな》くして父《ちち》（用明天皇《ようめいてんのう》）をなくしましたが…
苦労《くろう》したんだね
仏教《ぶっきょう》を深《ふか》く敬《うやま》いたいへんすぐれた青年《せいねん》へと成長《せいちょう》します
その賢《かしこ》さをあらわすエピソードとして
「他人《たにん》が同時《どうじ》に話《はな》してもひとりひとりの訴《うった》えをキチンと判断《はんだん》できた」といわれています
わいわい
あーしてほしい
こーしてほしい
ぼくもこんなに頭《あたま》よくなりたいな〜
さて厩戸王《うまやどのおう》（聖《しょう》徳太子《とくたいし》）が歴史上《れきしじょう》の舞台《ぶたい》に登場《とうじょう》してくるのは…
わっ もう11時《じ》
日本《にほん》で初《はじ》めての女性《じょせい》の大王《おおきみ》（推古天皇《すいこてんのう》）をサポートする「摂政《せっしょう》」という役職《やくしょく》についたときです！
ジャ
おもしろくなってきたけどもう寝《ね》なくちゃあしたは塾《じゅく》のテストがあるし

ザザザー…
彼《かれ》は隋《ずい》（中国《ちゅうごく》）と仲《なか》よくするための使《つか》いを出《だ》したり
遣隋使《けんずいし》のコトだね
日本《にほん》の政治《せいじ》をよくするため家柄《いえがら》や力《ちから》に関係《かんけい》なく才能《さいのう》のある人《ひと》に朝廷《ちょうてい》での高《たか》い位《くらい》をさずけられるしくみをつくったり
「冠位十二階《かんいじゅうにかい》」か…
紫色《むらさきいろ》の冠《かんむり》の人《ひと》が一番《いちばん》エラいんだよね
朝廷《ちょうてい》の役人《やくにん》の心構《こころがま》えを説《と》いた「憲法十七条《けんぽうじゅうしちじょう》」をつくりました
第一条《だいいちじょう》……
「和《わ》をもって貴《たっと》しとなせ」…かな？
ピッ
お約束第一条《やくそくだいいちじょう》!!
ママのことを「お～い みさえ」とよんではイケない!!
だったかナ？
ギョッ
ビクッ
それとも「ママの口紅《くちべに》で落書《らくが》きするな」かな？
いっぱいあるんでワスレた
いきなり参加《さんか》してくるな!!
ビックリするだろ!!
おー かざまくん もう寝《ね》るの？ まだ12時前《じまえ》だゾ
ったくコノ夜《よ》ふかし小僧《こぞう》め

こいつが厩戸王《うまやどのおう》（聖徳太《しょうとくたい》子《し》）じゃ日本《にほん》も終《お》わりだな
勝手《かって》にやっててくれ
何《なに》すればいいの？何《なに》すればいいの？
まず「十七条《じゅうしちじょう》憲法《けんぽう》」を発表《はっぴょう》してください
あっそ
第一条《だいいちじょう》「おマタにマジックで象《ぞう》サンをかいてはいけない」
ちがうよ!!
「和《わ》をもって貴《たっと》しとなせ」だよ
お〜アレね
意味《いみ》知《し》ってるのかよ
ん〜〜〜…
ま　とにかく
へらへら
みんな仲《なか》よくやろー
意味《いみ》あってますね
ぐうぜんだろ
で　つぎは何《なに》するの？
法隆寺《ほうりゅうじ》を建《た》ててください
ほーりゅーじ？
！
あしたはテストだもう寝《ね》よ

カニくえばカネがかかるゾ ホーリュージ!!
タラバガニって高《たか》いよネ
?
それを言《い》うなら「柿食《かきく》えば鐘《かね》が鳴《な》るなり法隆寺《ほうりゅうじ》」です!
まるでカンケーないし
小野妹子《おののいもこ》を隋《ずい》へ送《おく》って…
イモ子《こ》ってダレ??
こんなヒト?
ムチャクチャだし…
あの…わからないことはそれを見て演《えん》じてください
このシャモジみたいなヤツ?
何《なに》か書《か》いてある
これは大事《だいじ》なことを言《い》うときわすれないためのメモ用紙《ようし》です
へぇ〜
じゃこれを使《つか》って
はなみず〜
一発芸《いっぱつげい》やるなー!!
もうまかせてられないっ ぼくが続《つづ》きをやる!
ばっ

さあ!! 仏教《ぶっきょう》を広《ひろ》めるため法隆寺建立《ほうりゅうじこんりゅう》だ
それから大王《おおきみ》が中心《ちゅうしん》の日本《にほん》をつくるぞ!!
仏教《ぶっきょう》の経典《きょうてん》の翻訳《ほんやく》もしよう!
外国《がいこく》の文化《ぶんか》を学《まな》ぼう ６０７年《ねん》 第《だい》２回遣隋使《かいけんずいし》渡航《とこう》だ!! 行《い》け 小野妹子《おののいもこ》!!
はい
おまえじゃないっ
それと日本《にほん》の歴史書《れきししょ》づくり
それからあれもこれも…
厩戸王《うまやどのおう》（聖徳太子《しょうとくたいし》）は西暦《せいれき》６２２年《ねん》になくなるまで日本《にほん》の政治《せいじ》を正《ただ》し、平和《へいわ》と文化《ぶんか》のために働《はたら》きました
へ〜
のんきにイモ食《く》うな
ゼイ ゼイ
モグ モグ
プ…
へをするな
かざまくんも朝《あさ》まで働《はたら》きました
○○進学塾《しんがくじゅく》
ねぶそくでテストボロボロ……
きにするな
プ…

大王中心《おおきみちゅうしん》の国家《こっか》を夢見《ゆめみ》た

厩戸王《うまやどのおう》（聖徳太子《しょうとくたいし》）

厩戸王《うまやどのおう》（聖徳太子《しょうとくたいし》）は仏教《ぶっきょう》を信《しん》じ、大陸《たいりく》の学問《がくもん》を学《まな》んで、この国《くに》を大《おお》きく変《か》えようとした人《ひと》なんだ。

■エピソード①

幼《おさな》いときに一度《いちど》に10人《にん》の話《はなし》を同時《どうじ》に聞《き》いて、すべて聞《き》き分《わ》けた。

■エピソード②

仏教《ぶっきょう》を信《しん》じ、大陸《たいりく》のすすんだ学問《がくもん》を勉強《べんきょう》して、推古天皇《すいこてんのう》の政《せい》治《じ》を助《たす》けた。

■エピソード③

中国《ちゅうごく》の制度《せいど》を取《と》り入《い》れて、大王中心《おおきみちゅうしん》の国《くに》づくりをめざして改《かい》革《かく》をおこなった。

力《ちから》を持《も》った豪族《ごうぞく》、蘇我氏《そがし》

6世紀《せいき》の大和政権《やまとせいけん》は、大王《おおきみ》（のちの天皇《てんのう》）を中心《ちゅうしん》に、有力《ゆうりょく》な豪族《ごうぞく》たちが集《あつ》まって政治《せいじ》をおこなっていたんだ。そのなかで、だんだんと力《ちから》をつけてきた豪族《ごうぞく》が、新《あら》たに出《で》てきた蘇《そ》我氏《がし》だった。

蘇我稲目《そがのいなめ》・馬子《うまこ》親子《おやこ》は、渡来人《とらいじん》をうまく活《かつ》用《よう》して、政権《せいけん》の財政《ざいせい》を担当《たんとう》する役《やく》について、仏教《ぶっきょう》を積極的《せっきょくてき》に認《みと》めさせたり、政治改革《せいじかいかく》をおこなったりしたんだ。

また、蘇我馬子《そがのうまこ》は、自分《じぶん》の姉《あね》や妹《いもうと》、娘《むすめ》、孫《まご》を次々《つぎつぎ》に大王《おおきみ》と結婚《けっこん》させたんだ。そうして馬子《うまこ》は、大王《おおきみ》の親戚《しんせき》という地位《ちい》につき、権力《けんりょく》をにぎっていったんだよ。

いっぺんに10人《にん》の話《はなし》がわかった

そのように蘇我氏《そがし》の力《ちから》が強《つよ》かった時代《じだい》の574年《ねん》、厩戸王《うまやどのおう》（聖徳太子《しょうとくたいし》）は生《う》まれたんだ。お父《とう》さんは欽明天皇《きんめいてんのう》の息子《むすこ》である用明天皇《ようめいてんのう》、お母《かあ》さんは欽明天皇《きんめいてんのう》の娘《むすめ》。ふたりは異母兄妹《いぼきょうだい》だけど、そのころはお母《かあ》さんがちがえば、兄《きょう》妹《だい》でも結婚《けっこん》できたんだ。

しかも厩戸王《うまやどのおう》（聖徳太子《しょうとくたいし》）のお父《とう》さん、お母《かあ》さんを産《う》んだ人《ひと》は、蘇我馬子《そがのうまこ》の姉妹《しまい》だった。だから厩戸王《うまやどのおう》（聖徳太子《しょうとくたいし》）は、大王家《おおきみけ》の血《ち》だけでなく、両親《りょうしん》から蘇我氏《そがし》の血《ち》を受《う》けついでいるんだね。

厩戸王《うまやどのおう》（聖徳太子《しょうとくたいし》）という名前《なまえ》は、お母《かあ》さんが厩《うまや》（馬小屋《うまごや》）のそばで産《う》んだとされるからなんだ。また、その子《こ》は幼《おさな》いときから利発《りはつ》で、庶民《しょみん》の訴《うった》えを聞《き》く機会《きかい》があったとき、一度《いちど》に10人以上《にんいじょう》もの人《ひと》が話《はな》し出《だ》したのに、すべて聞《き》き分《わ》けたともいわれている。だから、別名《べつめい》、豊聡耳皇子《とよとみみのおうじ》ともいわれている。

厩戸王《うまやどのおう》（聖徳太子《しょうとくたいし》）は仏教《ぶっきょう》を信《しん》じ、大陸《たいりく》のすすんだ学問《がくもん》を積極的《せっきょくてき》に勉強《べんきょう》していったんだ。そして、おばさんにあたる推古天皇《すいこてんのう》が即位《そくい》した593年《ねん》、19才《さい》で皇太子《こうたいし》（つぎの天皇候補《てんのうこうほ》）となり、政治《せいじ》を助《たす》ける摂政《せっしょう》という役職《やくしょく》をつとめたんだ。その後《ご》、蘇我馬子《そがのうまこ》と力《ちから》をあわせて、大王《おおきみ》を助《たす》けたんだ。

めざすは王権中心《おうけんちゅうしん》の国《くに》づくり

この摂政時代《せっしょうじだい》に厩戸王《うまやどのおう》（聖徳太子《しょうとくたいし》）は、すすんだ中国《ちゅうごく》の制度《せいど》や知識《ちしき》を積極的《せっきょくてき》に取《と》り入《い》れ、大王中心《おおきみちゅうしん》の国《くに》づくりをめざして、さまざまな改革《かいかく》をおこなっていったんだ。

しかし、国《くに》づくりの成功《せいこう》を見《み》るまでもなく、志《こころざし》なかばで病気《びょうき》のためなくなってしまうんだ。48才《さい》だった。そのあと蘇我氏《そがし》が実権《じっけん》をにぎることになり、大王中心《おおきみちゅうしん》の国《くに》づくりという理想《りそう》は実現《じつげん》されなかった。

彼《かれ》の死後《しご》100年《ねん》ぐらいたって、その功績《こうせき》をたたえるため「聖徳太子《しょうとくたいし》」と名《な》づけられたんだよ。

実際《じっさい》に、政治《せいじ》を動《うご》かす大切《たいせつ》な役職《やくしょく》

大王《おおきみ》を助《たす》ける摂政《せっしょう》

厩戸王《うまやどのおう》（聖徳太子《しょうとくたいし》）は摂政《せっしょう》になって、推古天皇《すいこてんのう》や蘇我馬子《そがのうまこ》とともに政治《せいじ》を進《すす》めたよ。

摂政《せっしょう》とは、かんたんにいってしまえば、大王《おおきみ》が幼《おさな》かったり、女性《じょせい》だったりした場合《ばあい》、大王《おおきみ》にかわって政治《せいじ》をおこなう役職《やくしょく》のこと。日本《にほん》ではじめて摂政《せっしょう》となったのが厩戸王《うまやどのおう》（聖徳太子《しょうとくたいし》）だよ。

そのころの大王《おおきみ》は、成年男子《せいねんだんし》がなるのがふつうだったんだ。ただ、前《まえ》の大王《おおきみ》の死後《しご》、跡継《あとつ》ぎの候補《こうほ》は何人《なんにん》かいたんだけれども、早《はや》くに死《し》んでしまったり、年《とし》が若《わか》かったりして、みんなが納得《なっとく》する人物《じんぶつ》がいなかったんだ。それで女性《じょせい》の推古天皇《すいこてんのう》がまわりに推薦《すいせん》されて即位《そくい》。

厩戸王《うまやどのおう》（聖徳太子《しょうとくたいし》）を摂政《せっしょう》に任命《にんめい》したんだね。

中国《ちゅうごく》の制度《せいど》を取《と》り入《い》れて大改革《だいかいかく》

摂政《せっしょう》となった厩戸王《うまやどのおう》（聖徳太子《しょうとくたいし》）は、蘇我《そがの》馬子《うまこ》と協力《きょうりょく》して中国《ちゅうごく》へ使者《ししゃ》を送《おく》り、中国《ちゅうごく》の文化《ぶんか》や政治《せいじ》のしくみを取《と》り入《い》れようと努力《どりょく》したんだ。そうしてつくられたのが、「冠位十二階《かんいじゅうにかい》」や「憲法十七条《けんぽうじゅうしちじょう》」などなんだよ。

厩戸王《うまやどのおう》（聖徳太子《しょうとくたいし》）は、推古天皇《すいこてんのう》たちに意見《いけん》を求《もと》めながらも、自分《じぶん》の理想《りそう》をめざして、政治《せいじ》をすすめていったんだね。

新《あたら》しいものが勝《か》つか？　古《ふる》いものが勝《か》つか？

豪族《ごうぞく》たちの権力《けんりょく》争《あらそ》い

豪族《ごうぞく》たちが集《あつ》まり政治《せいじ》を動《うご》かしていた大和政権《やまとせいけん》。権力争《けんりょくあらそ》いに勝《か》ったのは蘇我氏《そがし》だった。

大和政権《やまとせいけん》には、古《ふる》くからの有力《ゆうりょく》な豪族《ごうぞく》たちが多《おお》く集《あつ》まり、大王《おおきみ》の政治《せいじ》を助《たす》けていた。そんななかに、新《あら》たに参入《さんにゅう》したのが蘇我氏《そがし》だったんだ。

それまでの大和政権《やまとせいけん》では大伴氏《おおともし》、物部氏《もののべし》など古《ふる》くからの豪族《ごうぞく》が力《ちから》を持《も》ち、大王《おおきみ》に助言《じょげん》などをおこなっていたんだ。しかし、大伴氏《おおともし》は、朝鮮半島《ちょうせんはんとう》での外交問題《がいこうもんだい》で失敗《しっぱい》し、政治《せいじ》の中心《ちゅうしん》から遠《とお》ざかっていった。

残《のこ》る大物豪族《おおものごうぞく》・物部氏《もののべし》は、神道《しんとう》を伝《つた》える家《いえ》柄《がら》で、仏教《ぶっきょう》を積極的《せっきょくてき》に認《みと》めさせようとする蘇《そ》我氏《がし》に、いつも反対《はんたい》していたんだ。

対決《たいけつ》！　物部氏《もののべし》対《たい》蘇我氏《そがし》

また、この宗教問題《しゅうきょうもんだい》だけでなく、つぎの大王《おおきみ》をだれにするかという、跡継《あとつ》ぎ問題《もんだい》でも蘇《そ》我《が》・物部《もののべ》両氏《りょうし》は対立《たいりつ》。それぞれ別《べつ》の人物《じんぶつ》を推薦《すいせん》して、争《あらそ》っていたんだ。もっと大《おお》きな力《ちから》を持《も》とうとする蘇我氏《そがし》にとって、物部氏《もののべし》は「目《め》の上《うえ》のたんこぶ」みたいなものだよね。

厩戸王《うまやどのおう》（聖徳太子《しょうとくたいし》）が生《う》まれたころには、蘇我氏《そがし》と物部氏《もののべし》との関係《かんけい》はすでに険悪《けんあく》な状態《じょうたい》になっていたらしい。そして、587年《ねん》、とうとう蘇我氏《そがし》と物部氏《もののべし》との間《あいだ》で戦《たたか》いが起《お》こったんだ。このとき14才《さい》の厩戸王《うまやどのおう》（聖徳太子《しょうとくたいし》）は、蘇我氏側《そがしがわ》の一員《いちいん》として戦《たたか》いに参加《さんか》している。彼《かれ》は四天王《してんのう》（＊）に、戦《たたか》いに勝利《しょうり》すれば寺院《じいん》を建《た》てると約束《やくそく》して出陣《しゅつじん》。白木彫《しらきぼ》りの四天王《してんのう》を胸《むね》にかかえて戦《たたか》ったんだ。戦《たたか》いは、蘇我氏《そがし》側《がわ》の圧倒的勝利《あっとうてきしょうり》だった。両氏《りょうし》の戦力《せんりょく》のちがいというより、厩戸王《うまやどのおう》（聖徳太子《しょうとくたいし》）が蘇我氏《そがし》に味方《みかた》したことが大《おお》きかったようだよ。物部氏《もののべし》は、この戦《たたか》いでリーダーの物部守屋《もののべもりや》が戦死《せんし》し、だんだんと政権内《せいけんない》での力《ちから》をなくしていった。

　この戦《たたか》いは、蘇我氏対物部氏《そがしたいもののべし》の個人的《こじんてき》な戦《たたか》いというだけでなく、古《ふる》い豪族《ごうぞく》と新《あたら》しい豪族《ごうぞく》の戦《たたか》いであり、仏教《ぶっきょう》をすすめる側《がわ》と反対《はんたい》する側《がわ》の戦《たたか》いだった。その後《ご》、蘇我氏《そがし》は実権《じっけん》を完《かん》全《ぜん》ににぎるようになったんだ。

　そうして蘇我馬子《そがのうまこ》は、渡来人《とらいじん》をうまく活用《かつよう》して、政権《せいけん》の財政《ざいせい》を担当《たんとう》する役職《やくしょく》について、仏教《ぶっきょう》を積極的《せっきょくてき》に認《みと》めさせたり、政治改革《せいじかいかく》をおこなったりしたんだ。

日本最古《にほんさいこ》のお寺《てら》・四天王寺《してんのうじ》

厩戸王《うまやどのおう》（聖徳太子《しょうとくたいし》）は四天王《してんのう》にお祈《いの》りし、それがかなえられた。このお礼《れい》に彼《かれ》は、難波《なにわ》（大阪市《おおさかし》）に日本最古《にほんさいこ》の官寺《かんじ》（国《くに》などの保護《ほご》を受《う》けている寺《てら》）である四天王寺《してんのうじ》を建《た》てたんだ。

　馬子《うまこ》も飛鳥寺《あすかでら》（法興寺《ほうこうじ》）を建《た》てて、ご利益《りやく》の高《たか》い仏教《ぶっきょう》を広《ひろ》めていったんだよ。

＊仏教《ぶっきょう》を守《まも》る四柱《よはしら》の神様《かみさま》のこと。

世界最古《せかいさいこ》の木造建築物《もくぞうけんちくぶつ》

1000年《ねん》の時《とき》をこえる法隆寺《ほうりゅうじ》

大陸《たいりく》の技術《ぎじゅつ》を取《と》り入《い》れて建《た》てられた法隆寺《ほうりゅうじ》は、飛鳥文化《あすかぶんか》の中心《ちゅうしん》となるお寺《てら》だぞ。

593年《ねん》、摂政《せっしょう》の位《くらい》についた厩戸王《うまやどのおう》（聖徳太子《しょうとくたいし》）は、仏教《ぶっきょう》の力《ちから》によって平和《へいわ》な世《よ》の中《なか》をつくろうと考《かんが》えて、自分《じぶん》が住《す》む斑鳩《いかるが》に、法隆寺《ほうりゅうじ》を建《た》てはじめたといわれている。一度《いちど》、火事《かじ》にあって再建《さいけん》されたとされているけれども、世界《せかい》でもっとも古《ふる》い木造建築物《もくぞうけんちくぶつ》なんだ。

法隆寺《ほうりゅうじ》の柱《はしら》には、ギリシアのパルテノン神殿《しんでん》などに見《み》られるエンタシス（中《なか》ほどがふくらんだつくりの柱《はしら》）が使《つか》われている。ギリシアの古代建築様式《こだいけんちくようしき》が、中国《ちゅうごく》や朝鮮半島《ちょうせんはんとう》を通《つう》じて、はるばる日本《にほん》にしょうかいされていたんだ。大陸《たいりく》との交流《こうりゅう》が活発《かっぱつ》だったことがわかるね。

お寺《てら》を建《た》てることが強《つよ》さのあかし

法隆寺《ほうりゅうじ》が建《た》てられた当時《とうじ》、寺院《じいん》を建《た》てることが豪族《ごうぞく》の権威《けんい》をあらわすものになっていた。だから、豪族《ごうぞく》たちは、大陸《たいりく》の新《あたら》しい技法《ぎほう》を使《つか》って寺院《じいん》を建《た》てていったんだ。この仏教中心《ぶっきょうちゅうしん》の文化《ぶんか》を飛鳥文化《あすかぶんか》というんだよ。

ちなみに、世界最古《せかいさいこ》の木造建築物《もくぞうけんちくぶつ》である法隆寺《ほうりゅうじ》は、1993年《ねん》に日本《にほん》で最初《さいしょ》の世界文化遺産《せかいぶんかいさん》として登録《とうろく》されている。

ヨーロッパの技術《ぎじゅつ》も取《と》り入《い》れた

文化《ぶんか》の中心《ちゅうしん》、法隆寺《ほうりゅうじ》

◉1000年《ねん》以上前《いじょうまえ》の建物《たてもの》

法隆寺《ほうりゅうじ》が完成《かんせい》したのは、607年《ねん》。その後《ご》、全焼《ぜんしょう》したけれど少《すこ》しずつ再建《さいけん》されたといわれる。

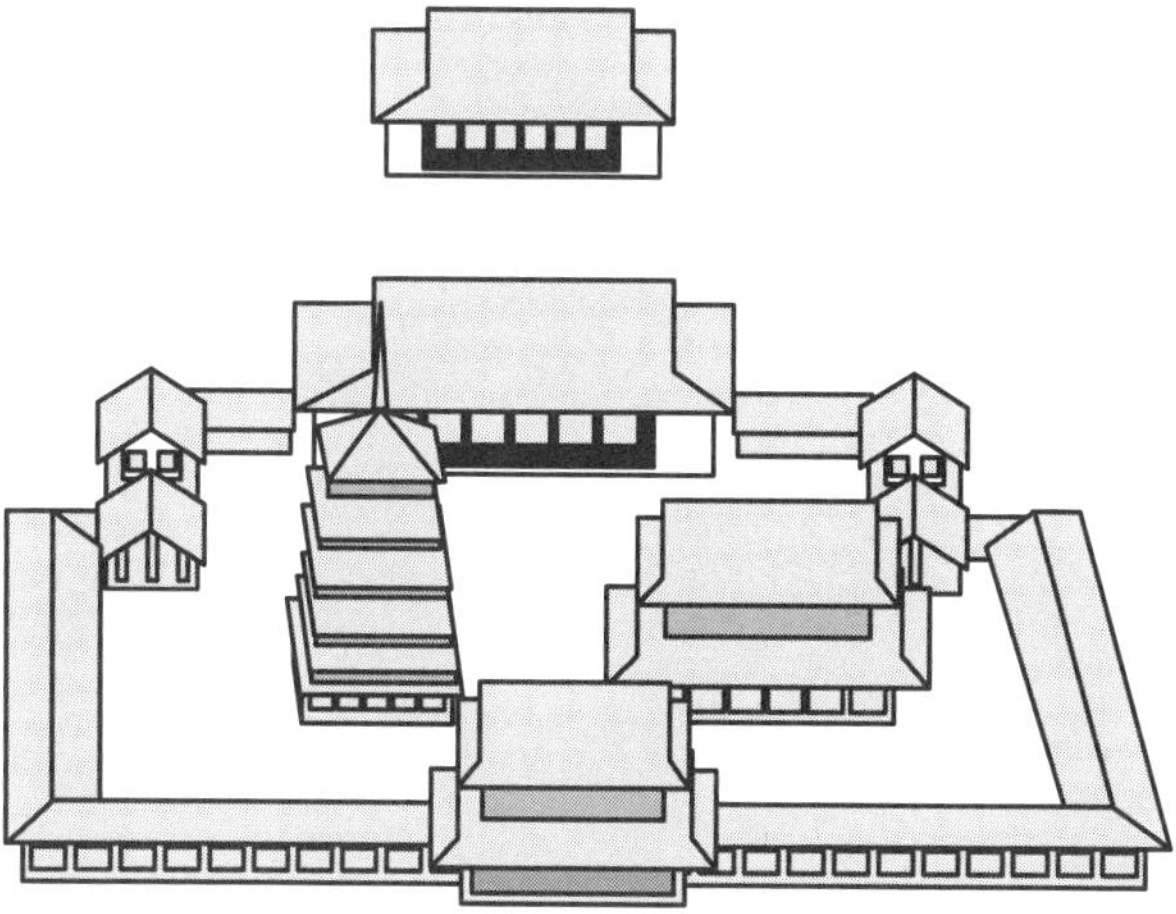

◉ギリシアの技術《ぎじゅつ》

法隆寺《ほうりゅうじ》の柱《はしら》には、中《なか》ほどがふくらんだギリシアの建築様式《けんちくようしき》、エンタシスが使《つか》われている。

色《いろ》を見《み》れば身分《みぶん》がわかる

やる気《き》しだいの冠位十二階《かんいじゅうにかい》

厩戸王《うまやどのおう》（聖徳太子《しょうとくたいし》）は役人《やくにん》の位《くらい》を実力《じつりょく》できめた。そしてわかりやすく色《いろ》で区別《くべつ》したよ。

厩戸王《うまやどのおう》（聖徳太子《しょうとくたいし》）が摂政《せっしょう》の位《くらい》についた当時《とうじ》、大和政権《やまとせいけん》の役人《やくにん》は豪族《ごうぞく》の氏族間《しぞくかん》で担当《たんとう》されていた。世襲制《せしゅうせい》といって、お父《とう》さんが位《くらい》の高《たか》い人《ひと》ならば、その子《こ》どもは何《なに》もしなくても、お父《とう》さんと同《おな》じ高《たか》い位《くらい》につけたんだね。

だけど、何《なに》もしなくても高《たか》い地位《ちい》が手《て》に入《はい》ると、どうしてもなまけちゃう人《ひと》が出《で》てくるよね。そこで彼《かれ》は、役人《やくにん》の気《き》を引《ひ》きしめることと、親《おや》の地位《ちい》が低《ひく》くても努力《どりょく》すれば位《くらい》が上《あ》がるような制度《せいど》を考《かんが》えたんだ。それが６０３年《ねん》に制定《せいてい》された「冠位十二階《かんいじゅうにかい》」なんだ。

色《いろ》で位《くらい》を区別《くべつ》する

厩戸王《うまやどのおう》（聖徳太子《しょうとくたいし》）は功績《こうせき》や能力《のうりょく》のある人《ひと》には位《くらい》をあたえ、朝廷《ちょうてい》で重《おも》く用《もち》いようとしたんだ。反対《はんたい》に、これまでいばっていた豪族《ごうぞく》を、その能力《のうりょく》にあった位《くらい》につかせたんだよ。

当時《とうじ》の人《ひと》たちは、正式《せいしき》な服装《ふくそう》のとき、冠《かんむり》をかぶっていた。彼《かれ》は、位《くらい》によって冠《かんむり》の色《いろ》を分《わ》けたんだ。いちばんえらい位《くらい》の色《いろ》は紫《むらさき》、つぎに青《あお》、赤《あか》、黄《き》、白《しろ》で、もっとも低《ひく》い位《くらい》が黒《くろ》い冠《かんむり》だったんだよ。

さまざまな地域《ちいき》の文化《ぶんか》の影響《えいきょう》を受《う》けている

花《はな》ひらいた飛鳥文化《あすかぶんか》

お隣《となり》の中国《ちゅうごく》や朝鮮半島《ちょうせんはんとう》だけでなく、遠《とお》くインドやペルシャの文化《ぶんか》のおもかげもあるよ。

厩戸王《うまやどのおう》（聖徳太子《しょうとくたいし》）がつくった憲法十七条《けんぽうじゅうしちじょう》は、「和《わ》をもって貴《たっと》しとなし（和《わ》を大切《たいせつ》にしなさい）」「あつく三宝《さんぽう》を敬《うやま》え（仏教《ぶっきょう》を敬《うやま》いなさい）」という条文《じょうぶん》から始《はじ》まる。儒学《じゅがく》や仏教《ぶっきょう》の考《かんが》え方《かた》が強《つよ》く取《と》り入《い》れられているんだ。

厩戸王《うまやどのおう》（聖徳太子《しょうとくたいし》）や蘇我氏《そがし》は仏教《ぶっきょう》を広《ひろ》めることに力《ちから》を入《い》れたので、日本《にほん》ではじめての仏教文化《ぶっきょうぶんか》といえる飛鳥文化《あすかぶんか》が栄《さか》えたんだ。法《ほう》隆寺《りゅうじ》の金堂《こんどう》や五重塔《ごじゅうのとう》、広隆寺《こうりゅうじ》の弥勒菩薩《みろくぼさつ》像《ぞう》といった仏像《ぶつぞう》が、飛鳥文化《あすかぶんか》の代表的《だいひょうてき》なものとしてあげられるよ。

西《にし》アジアの文化《ぶんか》も日本《にほん》に

日本《にほん》に仏教《ぶっきょう》を伝《つた》えたのは渡来人《とらいじん》だけど、仏《ぶっ》教《きょう》はインドで発祥《はっしょう》したもの。だから、飛鳥文《あすかぶん》化《か》に影響《えいきょう》をあたえているのは、中国《ちゅうごく》や朝鮮《ちょうせん》だけじゃないんだ。

インドやペルシャなどの西《にし》アジアの文化《ぶんか》がシルクロードを通《とお》って中国《ちゅうごく》に入《はい》り、それが日《に》本《ほん》にも伝《つた》わってきた。東大寺《とうだいじ》の正倉院《しょうそういん》には西《にし》アジアでつくられたものや、その影響《えいきょう》を受《う》けて日本《にほん》でつくったものがおさめられているよ。

新《あたら》しい知識《ちしき》と文化《ぶんか》を手《て》に入《い》れる
命《いのち》がけで海《うみ》をわたった遣隋使《けんずいし》

今《いま》の留学生《りゅうがくせい》のように、中国《ちゅうごく》のすすんだ文化《ぶんか》や知識《ちしき》を学《まな》びに行《い》ったのが、遣隋使《けんずいし》だよ。

大王中心《おおきみちゅうしん》の国《くに》づくりに努力《どりょく》した厩戸王《うまやどのおう》（聖《しょう》徳太子《とくたいし》）は、中国《ちゅうごく》（隋《ずい》）のすすんだ文化《ぶんか》や政《せい》治《じ》のしくみを取《と》り入《い》れようと、隋《ずい》に人《ひと》を送《おく》り、知識《ちしき》を習得《しゅうとく》してくることを考《かんが》えたんだ。これが、遣隋使《けんずいし》だよ。

６０７年《ねん》、第《だい》2回遣隋使《かいけんずいし》として小野妹子《おののいもこ》（＊）や留学生《りゅうがくせい》、学問僧《がくもんそう》などが中国《ちゅうごく》へ向《む》かって出発《しゅっぱつ》したんだ。このとき、小野妹子《おののいもこ》は厩戸王《うまやどのおう》（聖《しょう》徳太子《とくたいし》）からの国書《こくしょ》（手紙《てがみ》）を持《も》っていた。

その手紙《てがみ》には、「日出《ひい》づるところの天子《てんし》、書《しょ》を日没《ひぼっ》するところの天子《てんし》にいたす。」（太陽《たいよう》ののぼる東方《とうほう》の天子《てんし》が、手紙《てがみ》を太陽《たいよう》のしずむ西《せい》方《ほう》の天子《てんし》にさしあげます。）とあった。

家来《けらい》ではなく対等《たいとう》な関係《かんけい》で

この手紙《てがみ》を見《み》た、中国《ちゅうごく》・隋《ずい》の皇帝《こうてい》はとてもおこったんだ。当時《とうじ》の中国《ちゅうごく》は、日本《にほん》をはじめ周辺《しゅうへん》の国《くに》ぐにのことを家来《けらい》のように思《おも》っていたんだ。家来《けらい》だと思《おも》っている国《くに》から、タメ口《ぐち》をきかれたからおこったんだね。

でも、厩戸王《うまやどのおう》（聖徳太子《しょうとくたいし》）は、中国《ちゅうごく》の家来《けらい》としてではなく、対等《たいとう》な立場《たちば》で、国《くに》と国《くに》との

＊小野妹子《おののいもこ》っていっても男《おとこ》の人《ひと》だからね、念《ねん》のため。

外交《がいこう》をしたかったんだね。

遣隋使《けんずいし》として、小野妹子《おののいもこ》は2回《かい》も中国《ちゅうごく》へ行《い》き、皇帝《こうてい》に国書《こくしょ》を届《とど》けたり、留学生《りゅうがくせい》を連《つ》れ帰《かえ》ったりしたんだよ。多《おお》くの留学生《りゅうがくせい》が隋《ずい》へわたり、中国《ちゅうごく》のすすんだ文化《ぶんか》や学問《がくもん》を学《まな》んで日本《にほん》へ帰国《きこく》したんだね。

中国《ちゅうごく》まで2、3カ月《げつ》の長《なが》い旅《たび》

そのころの遣隋使《けんずいし》たちは、船《ふね》と馬《うま》、徒歩《とほ》の旅《たび》で中国《ちゅうごく》まで行《い》ったんだ。まず、大阪《おおさか》から船《ふね》で出発《しゅっぱつ》し、瀬戸内海《せとないかい》を九州《きゅうしゅう》へ向《む》かう。九州《きゅうしゅう》から玄界灘《げんかいなだ》に出《で》て、東《ひがし》シナ海《かい》をわたるんだ。この船旅《ふなたび》が難関《なんかん》だった。当時《とうじ》は造船《ぞうせん》技術《ぎじゅつ》が発達《はったつ》していないので、風《かぜ》や波《なみ》に弱《よわ》かったんだ。

だから、準備《じゅんび》を整《ととの》えて遣隋使《けんずいし》を送《おく》っても、あらしで船《ふね》がしずんだり、目的地《もくてきち》から遠《とお》くはなれた場所《ばしょ》に流《なが》れ着《つ》いたりと、たいへん危険《きけん》な目《め》にあうことが多《おお》かったんだ。大陸《たいりく》にたどり着《つ》いても、湾岸《わんがん》から中国《ちゅうごく》の都《みやこ》・長安《ちょうあん》までは運河《うんが》ぞいに船《ふね》や馬《うま》に乗《の》って向《む》かう旅《たび》が待《ま》っていたんだ。

だから、出発《しゅっぱつ》してから到着《とうちゃく》まで、だいたい2、3カ月《げつ》かかったんだよ。

遣隋使《けんずいし》は、隋《ずい》がほろぶまでに、全部《ぜんぶ》で5回《かい》程度《ていど》実施《じっし》されたんだ。命《いのち》がけの旅《たび》だとわかっているのに、みんな勇気《ゆうき》を出《だ》して出発《しゅっぱつ》していったんだね。それは、新《あたら》しい知識《ちしき》や文化《ぶんか》、技術《ぎじゅつ》をより多《おお》く手《て》に入《い》れて、日本《にほん》をよりよくしていきたいという、厩戸王《うまやどのおう》（聖徳太子《しょうとくたいし》）の熱意《ねつい》がみんなに伝《つた》わったからかもしれないね。

海《うみ》の旅《たび》は命《いのち》がけ

遣《けん》隋《ずい》使《し》の旅《たび》路《じ》

◉新《あたら》しい知識《ちしき》を手《て》に入《い》れる

留学生《りゅうがくせい》や学問僧《がくもんそう》が遣隋使《けんずいし》として中国《ちゅうごく》・隋《ずい》に行《い》って、新《あたら》しい文化《ぶんか》や知識《ちしき》を学《まな》んできた。

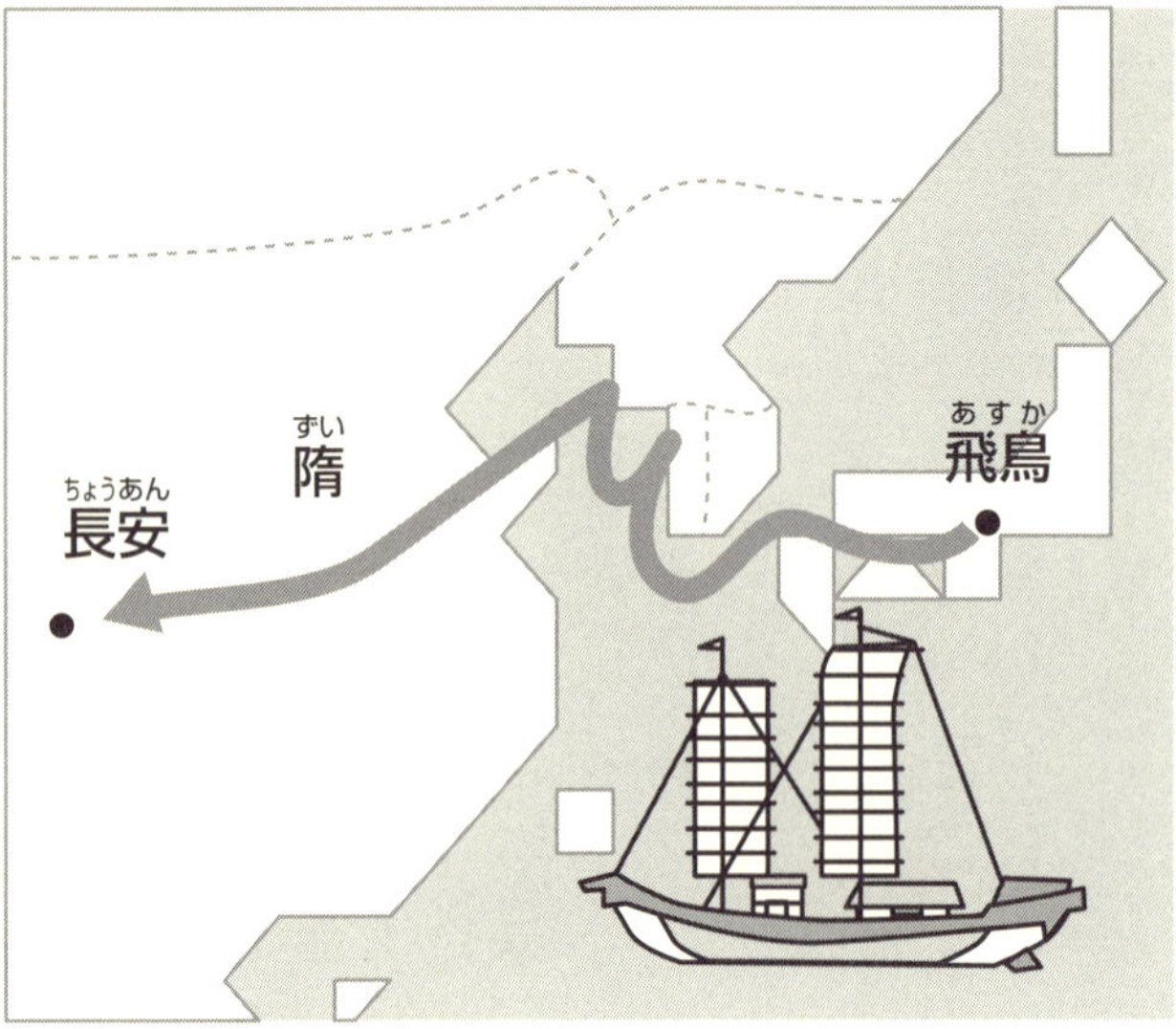

◉2、3カ月《げつ》の長《なが》い旅《たび》

中国《ちゅうごく》の都《みやこ》・長安《ちょうあん》までは、船《ふね》や馬《うま》などを使《つか》って2、3カ月《げつ》の長旅《ながたび》の末《すえ》、やっと到着《とうちゃく》できた。

飛鳥時代《あすかじだい》②

天皇《てんのう》が中心《ちゅうしん》の国《くに》づくり

この時代《じだい》のヒーロー

〈トピックス〉

天皇中心《てんのうちゅうしん》の国《くに》づくり　の巻《まき》

お〜田《た》んぼがいっぱい!
イネかり やろやろ ♪
ここは西暦《せいれき》643年《ねん》 奈良県《ならけん》、飛鳥《あすか》の都《みやこ》の付近《ふきん》です
歴史《れきし》はどうでもいいから イネかり用《よう》のカマをくれ!
でも 歴史学習《れきしがくしゅう》 マシン なので…
じゃ かってに しゃべってれば?
なんか ムカツクな〜
じゃ 西暦《せいれき》701年《ねん》までの歴史《れきし》を 10分《ぷん》でやります!
これで イネを かるんじゃ
ほー
この時代《じだい》 中国《ちゅうごく》はすでに皇帝中心《こうていちゅうしん》に国《くに》をまとめていましたが 日本《にほん》では「皇族《こうぞく》」や「豪族《ごうぞく》」など力《ちから》のある者《もの》が日本一《にほんいち》の権力《けんりょく》を得《え》るため「大王《おおきみ》(天皇《てんのう》)」の地位《ちい》をねらい争《あらそ》っていました…
おーい きけよ
お! バッタ
イナゴと いうんじゃ

豪族《ごうぞく》　蘇我蝦夷《そがのえみし》と
その息子《むすこ》　蘇我入鹿《そがのいるか》は
自分《じぶん》たちの思《おも》いどおりに動《うご》く
古人大兄皇子《ふるひとのおおえのおうじ》を大王《おおきみ》（天皇《てんのう》）の
位《くらい》につけようと考《かんが》えました
えびし？
イルカ？
えみし
いるか
ふるひと おうじ
しかしライバルは
ほかにもいます
古人大兄皇子《ふるひとのおおえのおうじ》を必《かなら》ず大王《おおきみ》
（天皇《てんのう》）の位《くらい》につけるには…
「ライバルには
消《き》えてもらう」
ぎらっ
まあ
コワイ
それより
イネかりしよ
入鹿《いるか》は厩戸王《うまやどのおう》（聖徳太子《しょうとくたいし》）の息子《むすこ》
「山背大兄王《やましろのおおえのおう》」とその一族《いちぞく》を
ほろぼします！
まずイネをひとたばつかんで…
ほーぼし
ま
つぎのライバルは
「中大兄皇子《なかのおおえのおうじ》」ですが
中大兄皇子《なかのおおえのおうじ》は
中臣鎌足《なかとみのかまたり》と
手《て》を組《く》んで
逆《ぎゃく》に
蘇我《そが》一族《いちぞく》を
ほろぼして
しまうのです
かまたり
おおえのおうじ
お〜
切《き》れた！
ス
このカマ
よくキレる〜

さらにこのふたりはライバルの「古人大兄皇子《ふるひとのおおえのおうじ》」もほろぼして中大兄皇子《なかのおおえのおうじ》に近《ちか》い人物《じんぶつ》を大王《おおきみ》（天皇《てんのう》）にすえます
孝徳天皇《こうとくてんのう》のうしろで中大兄皇子《なかのおおえのおうじ》と中臣鎌足《なかとみのかまたり》は新《あたら》しい政治《せいじ》をおこないました！
こうとくてんのう
へー
ずいぶんかれたゾ♪
おにぎりつくるか？
その政治《せいじ》の内容《ないよう》とはカンタンに言《い》えば「皇族《こうぞく》や豪族《ごうぞく》が支配《しはい》している土地《とち》や人《ひと》びとをすべて天皇《てんのう》が管理《かんり》する」ということ
これからタイヘンですよ
なんで？
ウィイ〜ン
税《ぜい》よこせ！
!? かーちゃん何《なに》してんの？
たいくつだから政府《せいふ》の役人《やくにん》「国司《こくし》」の役《やく》をやる！
日本《にほん》のそれぞれの地方《ちほう》を治《おさ》める組織《そしき》と「戸籍《こせき》」がつくられ 民《たみ》に田《た》んぼをあたえて税《ぜい》（税金《ぜいきん》）を取《と》り立《た》てる
もらってくよ♪
え〜?!
それだけかるのタイヘンだったのにィ〜
ブーブー
この新《あたら》しい政治《せいじ》を「大化《たいか》の改新《かいしん》」といいます

村人《むらびと》は国《くに》づくりのためさまざまな工事《こうじ》にかり出《だ》されました
こい!
まだイネかりすんでないのに～
このころ朝鮮半島《ちょうせんはんとう》では日本《にほん》と親《した》しい百済《くだら》の国《くに》が唐《とう》・新羅連合軍《しらぎれんごうぐん》によってせめられていて…
やれやれやっと終《お》わった…
百済《くだら》を助《たす》けるため朝鮮《ちょうせん》の白村江《はくすきのえ》《はくそんこう》に出兵《しゅっぺい》する!!
行《い》け!!
行《い》くか!!
中大兄皇子《なかのおおえのおうじ》は後《のち》に「天智天皇《てんじてんのう》」となりますが…
庚午年籍《こうごねんじゃく》という新《あたら》しい戸籍《こせき》をつくったゾ
これでまた税《ぜい》をとりやすくなる
やなカンジ
671年《ねん》に死去《しきょ》 その後《ご》天智天皇《てんじてんのう》の弟《おとうと》 大海人皇子《おおあまのおうじ》と天智天皇《てんじてんのう》の息子《むすこ》 大友皇子《おおとものおうじ》が天皇《てんのう》の地位《ちい》をかけ戦《たたか》いました
ドドドド
うっ
壬申《じんしん》の乱《らん》といいます
ワーワー
田《た》んぼがメチャクチャじゃ～

この戦《たたか》いで勝《か》った大海人皇子《おおあまのおうじ》は「天武天皇《てんむてんのう》」となり兄《あに》の天智天皇《てんじてんのう》の政策《せいさく》を受《う》けつぎ　さらにキチンと実行《じっこう》させました
はい　税出《ぜいだ》して
ひ　ひどい…
戦《たたか》いと管理《かんり》のくりかえしじゃな
でも文化的《ぶんかてき》なことだってしてるんですよ
歴史書《れきししょ》がつくられはじめたのもこの時代《じだい》です！
よみます？
それどころじゃないし…
落《お》ちてるイネでも拾《ひろ》うか
歴史書
そして701年《ねん》　文武天皇《もんむてんのう》の時代《じだい》に発表《はっぴょう》された法律《ほうりつ》「大宝律令《たいほうりつりょう》」によって、ようやく天皇中心《てんのうちゅうしん》の国家《こっか》づくりは完成《かんせい》します！
はいっ
新《あたら》しい税《ぜい》の制度《せいど》をきめたよ
稲をおさめる
一年《ねん》に60日《にち》の労働《ろうどう》
地方《ちほう》の産物《さんぶつ》をおさめる
どわああ〜!!
ヒュウウウ〜
やれやれ…イネかりどころじゃないのお
おなかすいた〜
グ〜
今夜《こんや》のごはん　これだけ…？
すくなっ
今夜《こんや》はごちそうじゃの〜

大化《たいか》の改新《かいしん》をすすめ、国《くに》の姿《すがた》を変《か》えた

中《なかの》大《おお》兄《えの》皇《おう》子《じ》

厩戸王《うまやどのおう》（聖徳太子《しょうとくたいし》）の死後《しご》、蘇我氏《そがし》は好《す》き勝手《かって》に政治《せいじ》をした。それをたおしたのが中大兄皇子《なかのおおえのおうじ》だよ。

■エピソード①

若《わか》いときから、留学《りゅうがく》生《せい》に中国《ちゅうごく》の政治《せいじ》を学《まな》ぶなど、勉強熱心《べんきょうねっしん》な青年《せいねん》だった。

■エピソード②

自分勝手《じぶんかって》に大和政権《やまとせいけん》を動《うご》かしていた蘇我《そが》親子《おやこ》を、自分《じぶん》の手《て》でたおした。

■エピソード③

中臣鎌足《なかとみのかまたり》と新《あたら》しい国《くに》づくりのために「大《たい》化《か》の改新《かいしん》」をおこなった。

わがままほうだい蘇我《そが》親子《おやこ》

厩戸王《うまやどのおう》（聖徳太子《しょうとくたいし》）が死《し》んだあと、大和政《やまとせい》権《けん》で大《おお》きな力《ちから》をにぎったのが蘇我蝦夷《そがのえみし》・入鹿《いるか》親子《おやこ》だった。とくに、入鹿《いるか》は自分《じぶん》のいいなりになる大王《おおきみ》（天皇《てんのう》）を選《えら》ぼうとして、有力《ゆうりょく》な皇太子候補《こうたいしこうほ》の山背大兄王《やましろのおおえのおう》（厩戸王《うまやどのおう》の子）を追《お》いこんで、自殺《じさつ》に追《お》いやってしまった。

政権《せいけん》での権力《けんりょく》をにぎった蝦夷《えみし》・入鹿親子《いるかおやこ》は、自分《じぶん》の思《おも》うように政治《せいじ》を動《うご》かそうとした。時《とき》の皇極天皇《こうぎょくてんのう》ですら、蘇我氏《そがし》にまかせきりだった。それをいいことに蘇我親子《そがおやこ》は、だんだんと大王《おおきみ》（天皇《てんのう》）のようにふるまうようになっていったんだ。入鹿《いるか》は盗賊《とうぞく》でさえおそれるほど、とてもきびしい性格《せいかく》の人《ひと》で、さからえる者《もの》はだれもいなかったんだね。

そんな入鹿《いるか》のふるまいに、いかりを感《かん》じて立《た》ち上《あ》がったのが中大兄皇子《なかのおおえのおうじ》だ。お父《とう》さんが舒明天皇《じょめいてんのう》、お母《かあ》さんがのちの皇極天皇《こうぎょくてんのう》で、そのとき弱冠《じゃっかん》20才《さい》。勉強《べんきょう》にも熱心《ねっしん》で、中国《ちゅうごく》から帰《かえ》ってきた留学生《りゅうがくせい》・南淵請安《みなぶちのしょうあん》から教《おし》えを受《う》け、中国《ちゅうごく》のすすんだ学問《がくもん》や政治《せいじ》・外交《がいこう》などを学《まな》んでいたんだ。

蘇我氏《そがし》をたおすため、中大兄皇子《なかのおおえのおうじ》立《た》つ！

すすんだ中国《ちゅうごく》の話《はなし》を聞《き》いた中大兄皇子《なかのおおえのおうじ》は、蘇我氏《そがし》のような豪族《ごうぞく》が権力《けんりょく》をにぎるのではなく、中国《ちゅうごく》のように皇帝中心《こうていちゅうしん》の中央集権国家《ちゅうおうしゅうけんこっか》をつくろうと意欲《いよく》に燃《も》えていた。しかし、政治《せいじ》の場《ば》では入鹿《いるか》に不満《ふまん》を感《かん》じていたんだけど、山背大兄王《やましろのおおえのおう》みたいに殺《ころ》されちゃう可能性《かのうせい》もあったので、うかつに手《て》を出《だ》せなかったんだね。

そんなときに皇子《おうじ》のそばにあらわれたのが、中臣鎌足《なかとみのかまたり》だよ。ふたりが出会《であ》ったのは飛鳥寺《あすかでら》で、ここでけまりをしていた中大兄皇子《なかのおおえのおうじ》の沓《くつ》がぬげ、まりといっしょにまい上《あ》がったとき、沓《くつ》を拾《ひろ》ってさし出《だ》したのが鎌足《かまたり》だった。

こうしてふたりは親《した》しくなり、南淵請安《みなぶちのしょうあん》のもとで学《まな》びながら、蘇我氏《そがし》をたおす計画《けいかく》を練《ね》ったんだ。

蘇我《そが》親子《おやこ》、ついにたおれる!

そんな計画《けいかく》を知《し》ってか、入鹿《いるか》はあまり外出《がいしゅつ》をしなくなった。そこで中大兄皇子《なかのおおえのおうじ》たちは作《さく》戦《せん》を立《た》て、朝鮮《ちょうせん》からの使節団《しせつだん》が来日《らいにち》したといって入鹿《いるか》を宮中《きゅうちゅう》におびきよせて殺《ころ》したんだ。これを「乙巳《いっし》の変《へん》」という。

そのとき、宮中《きゅうちゅう》のなかで名前《なまえ》を読《よ》み上《あ》げる役《やく》の人《ひと》がいたけれども、計画《けいかく》のことを知《し》っていて声《こえ》がふるえ、入鹿《いるか》に気《き》づかれそうになった。でも、中大兄皇子《なかのおおえのおうじ》が飛《と》び出《だ》していって、入鹿《いるか》の首《くび》を切《き》り落《お》としたんだ。入鹿《いるか》の首《くび》は、助《たす》けを求《もと》めるかのように、御簾《みす》のなかにいた皇極天皇《こうぎょくてんのう》の足元《あしもと》まで飛《と》んでいったんだって。

中大兄皇子《なかのおおえのおうじ》は入鹿《いるか》の死後《しご》、天皇《てんのう》(それまでの大王《おおきみ》)中心《ちゅうしん》の新《あたら》しい国《くに》づくりをはじめた。土地制度《とちせいど》や戸籍《こせき》をつくり、冠位《かんい》を整《ととの》えたんだ。これら数《かず》かずの改革《かいかく》の基礎《きそ》となる最初《さいしょ》の改革《かいかく》を「大化《たいか》の改新《かいしん》」というんだ。皇子《おうじ》はのちに、天智天皇《てんじてんのう》として即位《そくい》したよ。

天皇中心《てんのうちゅうしん》の新《あたら》しい国《くに》づくり

新《あら》たな改革《かいかく》 大化《たいか》の改新《かいしん》

中大兄皇子《なかのおおえのおうじ》は、厩戸王《うまやどのおう》（聖徳《しょうとく》太子《たいし》）の理想《りそう》を受《う》けついで、改革《かいかく》をすすめたんだ。

中大兄皇子《なかのおおえのおうじ》が645年《ねん》、蘇我氏《そがし》をほろぼし、豪族《ごうぞく》の持《も》つ土地《とち》・人民《じんみん》を朝廷《ちょうてい》のものとするなど、天皇中心《てんのうちゅうしん》のしくみを整《ととの》えた一連《いちれん》の改革《かいかく》を「大化《たいか》の改新《かいしん》」という。これはもともと、厩《うまや》戸王《どのおう》（聖徳太子《しょうとくたいし》）がつくった「冠位十二階《かんいじゅうにかい》」や「憲法十七条《けんぽうじゅうしちじょう》」などをさらにすすめたもので、中国《ちゅうごく》の国家《こっか》を手本《てほん》にしたものだった。その理想《りそう》が中大兄皇子《なかのおおえのおうじ》らに受《う》けつがれ、新《あたら》しい国《くに》づくりがすすめられたんだね。

この改革《かいかく》をすすめるときに中大兄皇子《なかのおおえのおうじ》は、大和政権《やまとせいけん》の役人《やくにん》を木《き》の下《した》に集《あつ》めて、新《あたら》しい政《せい》府《ふ》への忠誠《ちゅうせい》をちかわせたんだ。これは「大槻《おおつき》の木《き》の下《した》のちかい」といわれているよ。

鎌足《かまたり》、天智天皇《てんじてんのう》から藤原姓《ふじわらせい》をもらう

この大化《たいか》の改新《かいしん》をすすめたのは中大兄皇子《なかのおおえのおうじ》だけど、皇子《おうじ》を助《たす》けた中臣鎌足《なかとみのかまたり》の力《ちから》も大《おお》きかった。親《した》しくなって以来《いらい》、ふたりで作戦《さくせん》を練《ね》ってきたんだからね。

鎌足《かまたり》はその働《はたら》きぶりが認《みと》められ、天智天皇《てんじてんのう》となった中大兄皇子《なかのおおえのおうじ》から最高《さいこう》の冠位《かんい》である大《たい》織冠《しょくかん》の位《くらい》と藤原《ふじわら》という姓《せい》をもらったんだ。

3カ月《げつ》の長《なが》くて危険《きけん》な旅《たび》

200年《ねん》続《つづ》いた遣《けん》唐《とう》使《し》

中国《ちゅうごく》が隋《ずい》から唐《とう》に変《か》わっても、新《あたら》しい文化《ぶんか》を得《え》るために日本《にほん》は使節《しせつ》を送《おく》り続《つづ》けたんだ。

大陸《たいりく》のすすんだ国《くに》・中国《ちゅうごく》では隋《ずい》がほろび、新《あたら》しく唐《とう》という国《くに》ができたんだ。日本《にほん》では、引《ひ》き続《つづ》き大陸《たいりく》の知識《ちしき》や文化《ぶんか》を取《と》り入《い》れるため、遣唐使《けんとうし》を送《おく》り、日本《にほん》を天皇中心《てんのうちゅうしん》の強《つよ》い国《くに》にしようと努力《どりょく》したんだ。

遣唐使《けんとうし》の旅《たび》は、遣隋使時代《けんずいしじだい》と変《か》わらないきびしいものだった。遣唐使船《けんとうしせん》は、長《なが》さが約《やく》30メートル、幅《はば》が約《やく》6～9メートルあったといわれ、箱型《はこがた》で、かんたんな帆《ほ》がついているだけのものだった。この船《ふね》は、横波《よこなみ》に弱《よわ》く、あらしで横波《よこなみ》を受《う》けると、しずんでしまうことが多《おお》かったんだ。

遣唐使船《けんとうしせん》は100人以上《にんいじょう》の大船団《だいせんだん》

1そうの遣唐使船《けんとうしせん》には、正式《せいしき》な遣唐使《けんとうし》のほか留学生《りゅうがくせい》や学問僧《がくもんそう》、医者《いしゃ》、神主《かんぬし》、水夫《かこ》など、100人以上《にんいじょう》の人《ひと》が乗《の》りこみ、4そうの船団《せんだん》を組《く》んでいくのがふつうだった。

でも、4そうとも中国《ちゅうごく》へ到着《とうちゃく》するとは限《かぎ》らないから、重要《じゅうよう》な人《ひと》やおくり物《もの》などを、4そうに分《わ》けて出発《しゅっぱつ》したんだ。1そうでも、中国《ちゅうごく》へ到着《とうちゃく》してほしいという用心《ようじん》だったんだね。

遣唐使《けんとうし》たちは、難波《なにわ》（今《いま》の大阪《おおさか》あたり）の

港《みなと》から出発《しゅっぱつ》し、瀬戸内海《せとないかい》をぬけて九州《きゅうしゅう》の玄界灘《げんかいなだ》へ。それから荒波《あらなみ》をこえて中国《ちゅうごく》へ向《む》かったんだ。中国《ちゅうごく》へと向《む》かうルートには何通《なんとお》りかあって、最初《さいしょ》のころにとられた朝鮮半島《ちょうせんはんとう》ぞいに中国《ちゅうごく》をめざすルートだと、あらしにあう機会《きかい》は少《すく》ないんだけれども、海賊《かいぞく》におそわれたり、日数《にっすう》がより長《なが》くかかったりしたんだ。

また、その後《ご》とられた東《ひがし》シナ海《かい》をまっすぐつっきるルートは、日数《にっすう》は短《みじか》くなったけれど、あらしにあいやすくなったんだよ。どちらにしても、きびしい旅《たび》には変《か》わりなく、2、3カ月《げつ》の長《なが》い日数《にっすう》がかかったんだ。

海《うみ》をわたった日本人《にほんじん》たち

ところで、遣唐使船《けんとうしせん》で中国《ちゅうごく》へわたった人《ひと》はたくさんいた。たとえば、阿倍仲麻呂《あべのなかまろ》は、唐《とう》の皇帝《こうてい》にとても気《き》に入《い》られて、なかなか日本《にほん》へ帰《かえ》してもらえなかったんだ。

やっと帰《かえ》れることになったとき、あらしで船《ふね》がおし流《なが》され、結局《けっきょく》、日本《にほん》に帰《かえ》れなかった。でも、日本《にほん》が恋《こい》しくて、「あまの原《はら》　ふりさけ見《み》れば　かすがなる　みかさの山《やま》に　いでし月《つき》かも」(『古今和歌集《こきんわかしゅう》』)という歌《うた》を残《のこ》した。また、同《おな》じ船《ふね》で唐《とう》にわたった吉備真備《きびのまきび》は、20年後《ねんご》に帰国《きこく》、政権《せいけん》で高《たか》い位《くらい》についた。

630年《ねん》の第《だい》1回遣唐使《かいけんとうし》以来《いらい》、約《やく》200年《ねん》以上《いじょう》にわたり多《おお》くの人《ひと》や物《もの》が日本《にほん》と中国《ちゅうごく》の間《あいだ》を往復《おうふく》した。その間《あいだ》、数多《かずおお》くの遣唐使《けんとうし》によって、さまざまな文化《ぶんか》、知識《ちしき》が日本《にほん》へ伝《つた》えられたんだ。

大国《たいこく》に戦《たたか》いをいどむ

唐《とう》対《たい》日本《にほん》 白村江《はくすきのえ》《はくそんこう》の戦《たたか》い

朝鮮半島《ちょうせんはんとう》を舞台《ぶたい》に、唐《とう》と日本《にほん》が戦《たたか》った結果《けっか》、日本《にほん》は負《ま》けてしまったんだ。

そのころの朝鮮半島《ちょうせんはんとう》には、高句麗《こうくり》、新羅《しらぎ》、百済《くだら》という3つの国《くに》があった。どの国《くに》も自分《じぶん》たちの領土《りょうど》を広《ひろ》げようと、いつも争《あらそ》いごとがたえなかったんだ。日本《にほん》はこの3つの国《くに》のなかでとくに百済《くだら》と仲《なか》がよかった。

中国《ちゅうごく》の力《ちから》を借《か》りて新羅《しらぎ》が朝鮮《ちょうせん》を統一《とういつ》

ところが、唐《とう》と同盟《どうめい》を結《むす》んだ新羅《しらぎ》が、660年《ねん》に百済《くだら》をほろぼした。ほろぼされた百済《くだら》から、応援《おうえん》をたのまれた日本《にほん》は、おおぜいの兵士《へいし》を百済《くだら》に送《おく》り、戦《たたか》ったんだけれども、663年《ねん》、白村江《はくすきのえ》《はくそんこう》の戦《たたか》いで、唐《とう》・新羅連合軍《しらぎれんごうぐん》に大敗《たいはい》したんだ。

その後《ご》、新羅《しらぎ》は668年《ねん》に高句麗《こうくり》をほろぼし、朝鮮半島《ちょうせんはんとう》を統一《とういつ》したんだよ。

戦争《せんそう》から日本《にほん》ににげてきた渡来人《とらいじん》たち

その後《ご》、日本《にほん》は九州地方《きゅうしゅうちほう》を中心《ちゅうしん》に、警備《けいび》に力《ちから》を入《い》れるようになったんだ。また、6〜7世紀《せいき》にかけて争《あらそ》いごとが多《おお》かった朝鮮半島《ちょうせんはんとう》から、おおぜいの渡来人《とらいじん》が日本《にほん》へ移住《いじゅう》し、日本《にほん》の文化《ぶんか》に影響《えいきょう》をあたえたといわれているんだ。

唐《とう》・新羅《しらぎ》は強《つよ》かった…

朝鮮《ちょうせん》半島《はんとう》で対決《たいけつ》

◉九州《きゅうしゅう》の警備《けいび》

戦《たたか》いに負《ま》けた日本《にほん》は、新羅《しらぎ》や唐《とう》に攻《せ》められないように、九州《きゅうしゅう》の防御《ぼうぎょ》を固《かた》めた。

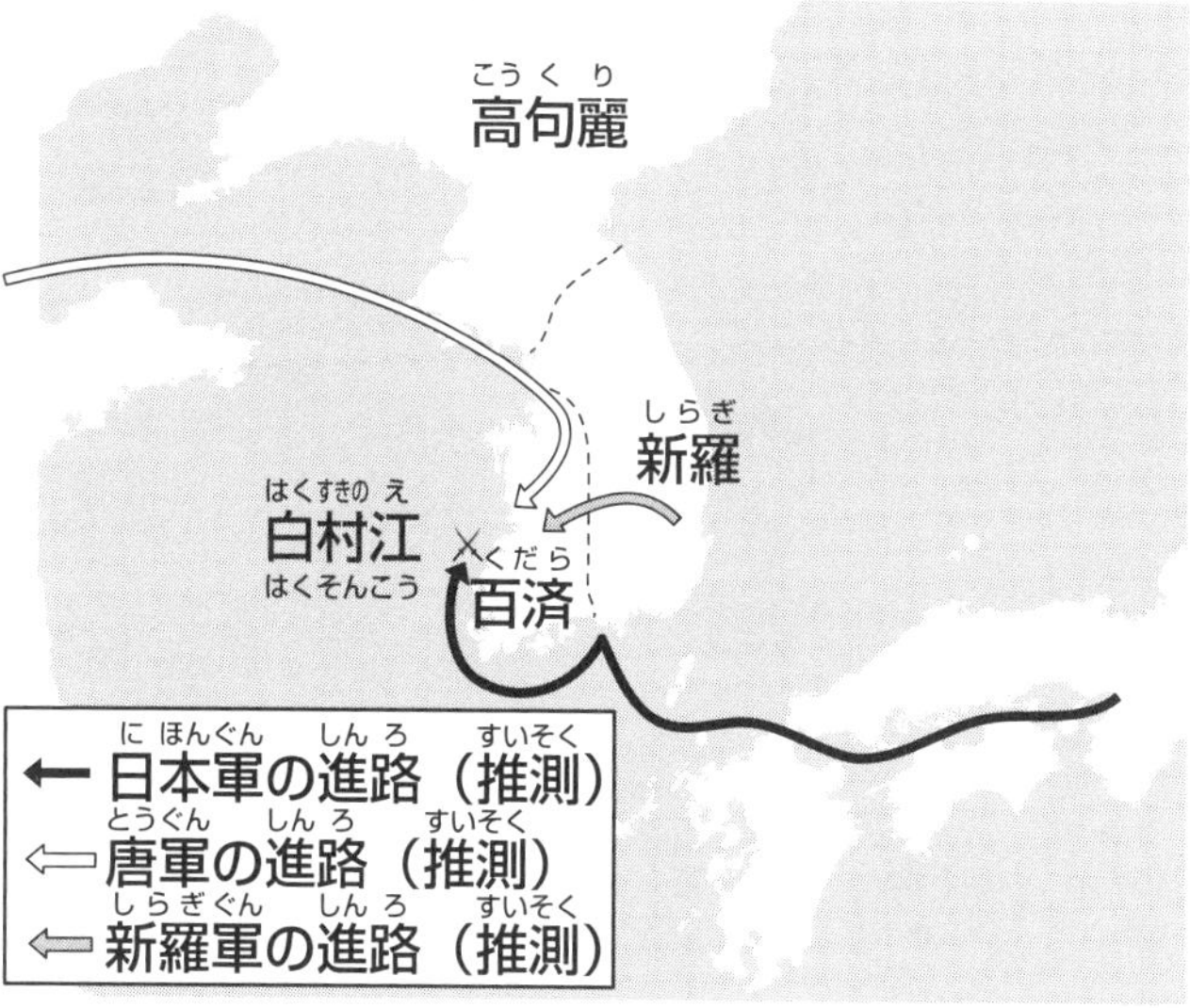

◉渡来人《とらいじん》がやってくる

戦争《せんそう》で混乱《こんらん》した朝鮮半島《ちょうせんはんとう》から多《おお》くの人《ひと》が日本《にほん》ににげてきて、日本《にほん》の文化《ぶんか》に影響《えいきょう》をあたえた。

すべてが天皇《てん》《のう》中心《ちゅう》《しん》になる

日本《にほん》の土地《とち》も人《ひと》も天皇《てんのう》のもの！

大化《たいか》の改新《かいしん》は、中国《ちゅうごく》のしくみをまねして、天皇《てんのう》が中心《ちゅうしん》となる国《くに》になるための改革《かいかく》なんだ。

６４５年《ねん》、蘇我馬子《そがのうまこ》をたおした中大兄皇子《なかのおおえのおうじ》（のちの天智天皇《てんじてんのう》）は、天皇《てんのう》が中心《ちゅうしん》の国《くに》づくりをはじめた。この国《くに》づくりには、中国《ちゅうごく》（唐《とう》）から帰国《きこく》した留学生《りゅうがくせい》などが参加《さんか》し、唐《とう》の文化《ぶんか》、政治《せいじ》のしくみなどが取《と》り入《い》れられたんだ。

この年《とし》、中国《ちゅうごく》にならって、はじめて「大《たい》化《か》」という年号《ねんごう》が定《さだ》められた。だから、それ以降《いこう》におこなわれたさまざまな改革《かいかく》のことを、大化《たいか》の改新《かいしん》というんだね。

そして、６４６年《ねん》、大化《たいか》の改新《かいしん》で何《なに》をするかということが発表《はっぴょう》されたんだ。大《おお》きな柱《はしら》が４つあり、１つ目《め》は公地公民制《こうちこうみんせい》にすること、２つ目《め》は地方《ちほう》の境《さかい》をきめて役人《やくにん》を置《お》くこと、３つ目《め》は戸籍《こせき》をつくって土地《とち》を国民《こくみん》に分《わ》けあたえること、そして４つ目《め》が税《ぜい》の制度《せいど》を定《さだ》めることだった。

天皇《てんのう》の力《ちから》を高《たか》める大化《たいか》の改新《かいしん》

それでは大化《たいか》の改新《かいしん》の中身《なかみ》をしょうかいしていこう。まず、公地公民制《こうちこうみんせい》は、国《くに》が直接《ちょくせつ》土《と》地《ち》や人《ひと》びとを支配《しはい》する制度《せいど》のことだよ。それまで豪族《ごうぞく》は、それぞれの自分《じぶん》の私有地《しゆうち》・私有《しゆう》民《みん》を持《も》っていたんだ。そこでコメや道具《どうぐ》をつくり、天皇家《てんのうけ》におさめていたんだね。もちろん、天皇家《てんのうけ》にも私有地《しゆうち》・私有民《しゆうみん》がいたよ。

公地公民制《こうちこうみんせい》では、豪族《ごうぞく》・天皇家《てんのうけ》の両方《りょうほう》の私有地《しゆうち》・私有民《しゆうみん》を廃止《はいし》して、それらを国《くに》のものとした。まあ、国《くに》イコール天皇《てんのう》だから、実質的《じっしつてき》に、ぜんぶ天皇家《てんのうけ》のものになるんだけどね。そうやって、天皇《てんのう》の力《ちから》を高《たか》めようとしたんだ。

戸籍《こせき》をつくって税《ぜい》をしっかり取《と》る

つぎにおこなったのが、戸籍《こせき》をつくって土地《とち》を分《わ》けること。これは、班田収授《はんでんしゅうじゅ》の法《ほう》といわれているもので、6年《ねん》ごとに田《た》んぼを調査《ちょうさ》して、6才以上《さいいじょう》の男女《だんじょ》に分《わ》けあたえたんだ。

なんでこんなことをしたかというと、農民《のうみん》の生活《せいかつ》を守《まも》りながらも、確実《かくじつ》に税《ぜい》を取《と》り立《た》てるためなんだ。今《いま》まで農民《のうみん》は豪族《ごうぞく》の支配下《しはいか》にあったため、何人《なんにん》いるのか、どのくらい働《はたら》けるのかがわからなかったんだね。

だから、戸籍《こせき》で名前《なまえ》や年齢《ねんれい》などを調《しら》べることで、どのくらいの税《ぜい》（この場合《ばあい》おコメだけど）が取《と》れるか知《し》ろうとしたんだ。農民《のうみん》からすると、戸籍《こせき》で名前《なまえ》や年齢《ねんれい》がわかってしまうので、ウソはつけなかったんだよ。

こうして、まず国《くに》の財産《ざいさん》がどのくらいあるかを知《し》り、確実《かくじつ》に税《ぜい》を取《と》る方法《ほうほう》を制度化《せいどか》した。これは中国《ちゅうごく》の制度《せいど》にもあって、律令国家《りつりょうこっか》を運営《うんえい》するための基本的《きほんてき》な方法《ほうほう》なんだよ。中大兄《なかのおおえの》皇子《おうじ》は、きまりごとをきちんと守《まも》らせることで、日本《にほん》を治《おさ》めていこうとしたんだね。

戦《たたか》いに勝《か》てば天皇《てんのう》になれる！

どっちがつぎの天皇《てんのう》か!? 壬申《じんしん》の乱《らん》

天智天皇《てんじてんのう》が死《し》んだあと、つぎの天皇《てんのう》をきめるための戦《たたか》いが起《お》こった。これが壬申《じんしん》の乱《らん》だ。

668年《ねん》に即位《そくい》した天智天皇《てんじてんのう》は、その前《まえ》の年《とし》に、白村江《はくすきのえ》《はくそんこう》の戦《たたか》いを教訓《きょうくん》に、都《みやこ》を敵《てき》からおそわれにくい近江大津宮《おうみのおおつのみや》にきめた。

そのとき、天智天皇《てんじてんのう》は皇太子《こうたいし》、つまりつぎの天皇候補《てんのうこうほ》に、弟《おとうと》の大海人皇子《おおあまのおうじ》を立《た》てた。でも、自分《じぶん》の息子《むすこ》である大友皇子《おおとものおうじ》をつぎの天皇《てんのう》にしたいと、ひそかに考《かんが》えていたんだ。

天皇《てんのう》はどっちだ　大友皇子《おおとものおうじ》対《たい》大海人皇子《おおあまのおうじ》

だから、天智天皇《てんじてんのう》がなくなると、つぎの天皇《てんのう》の位《くらい》をめぐっての争《あらそ》いが起《お》こったんだ。これが壬申《じんしん》の乱《らん》。結果《けっか》は、大海人皇子《おおあまのおうじ》が勝《か》ち、大友皇子《おおとものおうじ》は自殺《じさつ》したんだけれども、大海人皇子《おおあまのおうじ》を多《おお》くの豪族《ごうぞく》が応援《おうえん》したから勝《か》てたという面《めん》もあるんだ。

壬申《じんしん》の乱《らん》が起《お》こったとき、大友皇子《おおとものおうじ》が天皇《てんのう》になったかどうかはわからないんだけれど、のちに弘文天皇《こうぶんてんのう》という称号《しょうごう》がおくられている。

大海人皇子《おおあまのおうじ》は壬申《じんしん》の乱後《らんご》、即位《そくい》して天武天皇《てんむてんのう》となった。この乱《らん》で大友皇子側《おおとものおうじがわ》についた有力《ゆうりょく》な中央豪族《ちゅうおうごうぞく》が力《ちから》を失《うしな》い、天武天皇《てんむてんのう》は強力《きょうりょく》な権力《けんりょく》を手《て》に政治《せいじ》をすすめていったんだ。

天皇《てんのう》の力《ちから》が強《つよ》まった

おじとおいの戦《たたか》い

◉広大《こうだい》な戦場《せんじょう》

吉野宮《よしののみや》を出発《しゅっぱつ》した大海人皇子《おおあまのおうじ》軍《ぐん》は、多方面《たほうめん》に軍《ぐん》をすすめた。

目標《もくひょう》は、中国《ちゅうごく》・唐《とう》の政治制度《せいじせいど》

めざせ！ 律《りつ》令《りょう》国《こっ》家《か》

中大兄皇子《なかのおおえのおうじ》が大化《たいか》の改新《かいしん》でめざしたのは、中国《ちゅうごく》のような律令国家《りょうこっか》だったんだ。

中大兄皇子《なかのおおえのおうじ》は、大化《たいか》の改新《かいしん》で4つの改革《かいかく》をすすめようとした。そのうちの公地公民制《こうちこうみんせい》と、戸籍《こせき》をつくって農民《のうみん》に土地《とち》を分《わ》けることについては、説明《せつめい》したよね。ここでは、残《のこ》りの、各地方《かくちほう》に役人《やくにん》を置《お》くこと、税《ぜい》の制度《せいど》を定《さだ》めることについてしょうかいしよう。

役人《やくにん》を置《お》いて地方《ちほう》を支配《しはい》する

中大兄皇子《なかのおおえのおうじ》がめざしたものは、律令国家《りつりょうこっか》をつくり上《あ》げること。天皇中心《てんのうちゅうしん》の国家《こっか》をつくるために地方《ちほう》の支配《しはい》を強化《きょうか》しようと考《かんが》えたんだ。

律令国家《りつりょうこっか》では、地方《ちほう》を「国《くに》」「郡《ぐん》」などのまとまりに分《わ》けて、国《くに》ごとに国司《こくし》という役人《やくにん》を置《お》くことにしたんだ。現代《げんだい》の感覚《かんかく》でいうと、国《くに》は都道府県《とどうふけん》、国司《こくし》は知事《ちじ》というところかな。当時《とうじ》の国司《こくし》は、きめたことを、地方《ちほう》の人《ひと》びとにきちんと守《まも》ってもらう監視役《かんしやく》みたいなものだったんだ。

国司《こくし》には、中央《ちゅうおう》の役人《やくにん》が任命《にんめい》された。だけど、人気《にんき》のある地方《ちほう》とそうでない地方《ちほう》があり、やはり大和地方《やまとちほう》から遠《とお》くはなれたところに行《い》きたがる人《ひと》は少《すく》なかったんだ。

租《そ》、庸《よう》、調《ちょう》、3つの税《ぜい》

税《ぜい》の制度《せいど》は、まず、田《た》からとれたイネの3パーセントをおさめる租《そ》という税《ぜい》、1年間《ねんかん》に10日《か》、都《みやこ》で土木工事《どぼくこうじ》などをして働《はたら》くか、布《ぬの》などをおさめる庸《よう》という税《ぜい》、それから地方《ちほう》の特産物《とくさんぶつ》か布《ぬの》をおさめる調《ちょう》という税《ぜい》などがつくられた。

そのほか雑徭《ぞうよう》といって、1年《ねん》に60日《にち》、国司《こくし》の命令《めいれい》で働《はたら》いたり、男性《だんせい》の3人《にん》にひとりの割《わり》合《あい》で兵《へい》になる兵役《へいえき》という税《ぜい》もあった。

さらにその兵《へい》のなかには、都《みやこ》か九州《きゅうしゅう》の守《まも》りにつく役割《やくわり》をおわされることもあったんだよ。地方《ちほう》の人《ひと》びとはコメだけでなく物《もの》や労働力《ろうどうりょく》など、さまざまな税《ぜい》をおさめていたんだね。

そして、地方《ちほう》の人《ひと》たちは、都《みやこ》への行《い》き帰《かえ》りに必要《ひつよう》な食料《しょくりょう》ですら、自分《じぶん》たちで用意《ようい》しなければならなかったんだ。だから、都《みやこ》から遠《とお》くに住《す》んでいる人《ひと》たちにとって、税《ぜい》をおさめることはとてもたいへんだった。

この時代《じだい》につくられた『万葉集《まんようしゅう》』という歌《か》集《しゅう》には、庶民《しょみん》の苦《くる》しい暮《く》らしぶりも歌《うた》われているんだ。

地方《ちほう》が支《ささ》える都《みやこ》の暮《く》らし

地方《ちほう》の特産物《とくさんぶつ》や布《ぬの》、コメなどが税《ぜい》として都《みやこ》へ運《はこ》ばれ、都《みやこ》の土木工事《どぼくこうじ》や九州《きゅうしゅう》や都《みやこ》の警備《けいび》も地方《ちほう》の人《ひと》たちがおこなっていた。都《みやこ》の人《ひと》びとの暮《く》らしは、地方《ちほう》の人《ひと》たちが支《ささ》えていたんだね。日本《にほん》は、この新《あたら》しい制度《せいど》で、中国《ちゅうごく》に負《ま》けない国《くに》づくりをしていったんだよ。

中国《ちゅうごく》をめざす国《くに》づくり

税《ぜい》の基本《きほん》は租《そ》、庸《よう》、調《ちょう》

◉苦《くる》しい税金《ぜいきん》

コメや特産物《とくさんぶつ》、布《ぬの》をおさめて、土木工事《どぼくこうじ》に出《で》たり、兵士《へいし》になったりと当時《とうじ》の庶民《しょみん》はたいへんだった。

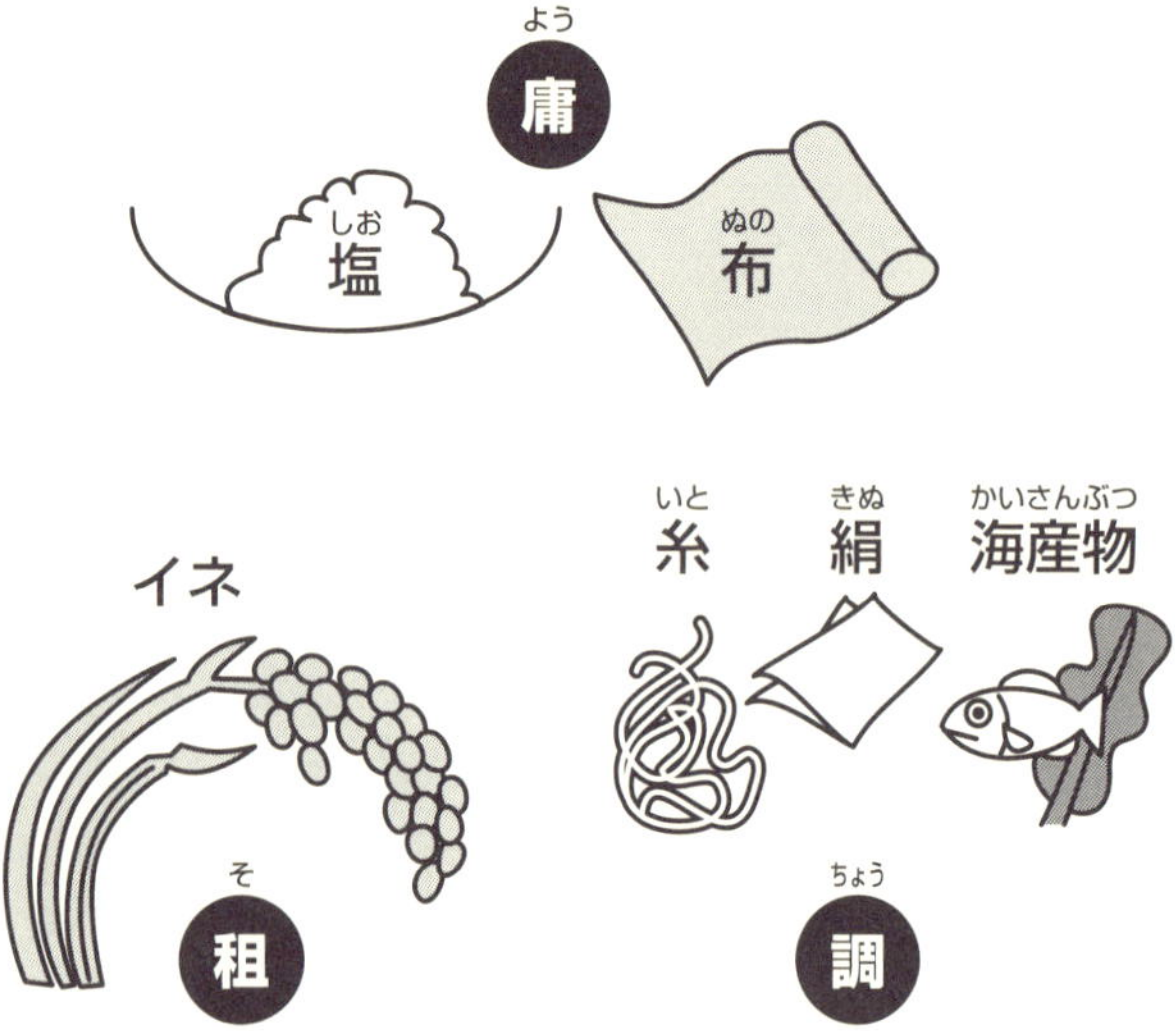

奈良時代《ならじだい》

奈良《なら》の大仏《だいぶつ》と天平文化《てんぴょうぶんか》

大仏《だいぶつ》を建立《こんりゅう》したゾ　の巻《まき》

ここは当時《とうじ》の都《みやこ》「平城京《へいじょうきょう》」の中《なか》です天皇《てんのう》や貴族《きぞく》が住《す》み役所《やくしょ》が集《あつ》まっています
ピカ
ピカ
お～キレイ
この時代《じだい》はみんな幸《しあわ》せに暮《く》らしてるのかナ？
いえ…権力争《けんりょくあらそ》いで天皇《てんのう》に刃向《はむ》かう者《もの》や貴族同士《きぞくどうし》の戦争《せんそう》も多《おお》く
都《みやこ》の外《そと》の庶民《しょみん》には重《おも》い税《ぜい》や労役《ろうえき》伝染病《でんせんびょう》・天災《てんさい》（地震《じしん》・日照《ひで》りなど）が続《つづ》き　とても苦《くる》しい時代《じだい》なのです
人《ひと》がいっぱい集《あつ》まってるゾ
ワイワイ
あの　お坊《ぼう》さまは!!
行基《ぎょうき》さまだぁ～!!
ボッ
う、アツイ
庶民《しょみん》を救《すく》うために仏《ほとけ》の教《おし》えを説《と》いて歩《ある》き庶民《しょみん》のために橋《はし》や道《みち》や池《いけ》をつくり
大仏《だいぶつ》までつくった行基《ぎょうき》さまは奈良時代《ならじだい》の庶民《しょみん》の味方《みかた》!!希望《きぼう》の星《ほし》なんだよ
へー
日本史《にほんし》奈良時代《ならじだい》

行基《ぎょうき》のもとに庶民《しょみん》がおおぜい集《あつ》まるので 朝廷《ちょうてい》ははじめ自分《じぶん》たちへの反乱《はんらん》をおそれました
集会《しゅうかい》するな
なにすんだよ!!
しかし…
大仏《だいぶつ》づくりに協力《きょうりょく》して!
だれだよおじさん
聖武天皇《しょうむてんのう》さまだ…
聖武天皇《しょうむてんのう》は「大《おお》きな仏像《ぶつぞう》をつくることで この苦《くる》しい時代《じだい》がよい時代《じだい》に変《か》わってほしい」と考《かんが》え 行基《ぎょうき》と それをしたう庶民《しょみん》に協力《きょうりょく》を求《もと》めたのです!
みなさん!大仏《だいぶつ》さまをつくりましょう!!
おーっ
うおお〜やるぞ〜
あ、コゲる
ボッ
建設場所《けんせつばしょ》は平城京《へいじょうきょう》の東《ひがし》にある「東大寺《とうだいじ》」にきまりました
どうやってつくるの?
国中公麻呂《くになかのきみまろ》さんに聞《き》いてごらん
だれ?
渡来人《とらいじん》の子孫《しそん》で大仏《だいぶつ》のつくり方《かた》を知《し》ってるすぐれた技術者《ぎじゅつしゃ》さんなんだ

銅製《どうせい》の大仏《だいぶつ》さまをつくるにはまず小《ちい》さな山《やま》をくずして平《たい》らにしさらに固《かた》めて土台《どだい》をつくるんだ
ピッ
土台《どだい》ができたら太《ふと》い柱《はしら》を立《た》てよう
土台《どだい》
この柱《はしら》に木《き》や竹《たけ》を組《く》み合《あ》わせて竹《たけ》カゴのような大仏《だいぶつ》さまをつくる
大仏《だいぶつ》さまは銅《どう》でつくるんでしょ？
？
つぎにこの上《うえ》から粘土《ねんど》をぬりつけて土《つち》の大仏《だいぶつ》さまをつくる
ペタペタ
銅《どう》じゃないの？
？
？
これが固《かた》まったらさらにその上《うえ》から土《つち》をぬる
模型《もけい》で実験《じっけん》しよう
ペタペタ
それをはがすと大仏《だいぶつ》さまの表面《ひょうめん》の型《かた》がとれるだろう？
おー
ほんとだ
ペタ
ポコッ

型《かた》をとり終《お》わったら土《つち》の大仏《だいぶつ》さまの表面《ひょうめん》をうすくけずりとると型《かた》と土《つち》の大仏《だいぶつ》さまの間《あいだ》にすきまができるだろ？ そこに銅《どう》を溶《と》かして流《なが》しこむんだ！
ポコッ
ホ
土《つち》の大仏様《だいぶつさま》
型《かた》
型《かた》
ここに銅《どう》を入れる
大仏《だいぶつ》さまは大《おお》きいからいっぺんに型《かた》をとることはできませんね
8段《だん》に分《わ》けてつくるよ
型《かた》
もりあげた土《つち》
土《つち》の大仏様《だいぶつさま》
土台《どだい》
今《いま》はアゴのあたりの段《だん》に銅《どう》を流《なが》しこんでいます
もり上《あ》げた土《つち》の中《なか》で大仏《だいぶつ》さまは銅《どう》の大仏《だいぶつ》さまにでき上《あ》がっていく
銅《どう》が固《かた》まったら土《つち》の中《なか》からほりだそう
頭《あたま》ツルツルみたいだゾ？
へら
へら
形《かたち》の複雑《ふくざつ》なところ（髪《かみ》や手《て》など）は別《べつ》につくってあとから取《と》りつける
これは大仏《だいぶつ》さまの髪《かみ》の毛《け》で「らほつ」というものだ
ターバン？
？
では完成図《かんせいず》をみてみましょう これが「宇宙全体《うちゅうぜんたい》を照《て》らす毘盧遮那仏《びるしゃなぶつ》」
完成当時《かんせいとうじ》は全身《ぜんしん》に金《きん》がぬられていて…

うわっ まぶしいっ!!
ピカ
これができたとき みんな幸《しあわ》せになれるんだね
どうかな…? 大仏《だいぶつ》さまをつくるのは尊《とうと》いが、完成《かんせい》までに30年《ねん》はかかる大工事《だいこうじ》…
庶民《しょみん》はむしろ疲《つか》れきってしまうかも
私《わたくし》ももっと庶民《しょみん》のために働《はたら》こう…
ガ〜ン
行基《ぎょうき》は残念《ざんねん》ながら大仏《だいぶつ》の完成前《かんせいまえ》にこの世《よ》を去《さ》ります
え!? そんな
お
←マジックでかいた
行基《ぎょうき》さま〜!!
夕《ゆう》ごはんの時間《じかん》だから帰《かえ》る
では お勉強《べんきょう》はここまでに
―翌朝《よくあさ》―
チュン チュン
アクションようちえん
おはようございまーす
わい わい
ブツ ブツ
行基様《ぎょうきさま》!! ゴムリしないで
そこはワタシがおてつだいします
ボッ
こわっ
なにあれ?
一晩《ひとばん》じゅうやってたのか
アツイヒトだよね

仏教《ぶっきょう》を広《ひろ》め大仏《だいぶつ》をつくった

聖《しょう》武《む》天《てん》皇《のう》

病気《びょうき》や災害《さいがい》で不安《ふあん》だらけになった世《よ》の中《なか》を、仏教《ぶっきょう》で救《すく》おうとしたのが、聖武天皇《しょうむてんのう》なんだ。

■エピソード①

聖武天皇《しょうむてんのう》は、病気《びょうき》や災害《さいがい》で不安《ふあん》な世《よ》の中《なか》を仏教《ぶっきょう》の力《ちから》でしずめようとした。

■エピソード②

全国《ぜんこく》の人《ひと》たちがお寺《てら》にお参《まい》りできるように、国分寺《こくぶんじ》と国分尼《こくぶんに》寺《じ》を建《た》てた。

■エピソード③

国分寺《こくぶんじ》の中心《ちゅうしん》として、奈良《なら》に大仏《だいぶつ》で有名《ゆうめい》な東大寺《とうだいじ》を建《た》てた。

都《みやこ》のお引《ひ》っこし

７０１年《ねん》に大宝律令《たいほうりつりょう》という法律《ほうりつ》ができるとすぐ、もっと大《おお》きな都《みやこ》をつくろうということになった。こうしてできたのが平城京《へいじょうきょう》だよ。今《いま》の奈良県《ならけん》のあたりにあったんだ。

それまでの都《みやこ》があった飛鳥地方《あすかちほう》も奈良県《ならけん》だけど、平城京《へいじょうきょう》に都《みやこ》を移《うつ》した７１０年《ねん》から、つぎの都《みやこ》をつくるまでの70年《ねん》ちょっとを奈良時代《ならじだい》っていうんだ。

どうして大《おお》きな都《みやこ》をつくることにしたかというと、法律《ほうりつ》ができて国《くに》がちゃんとしてきたことで、政務《せいむ》をおこなう大内裏《だいだいり》や、役人《やくにん》や民衆《みんしゅう》が居住《きょじゅう》する場所《ばしょ》が必要《ひつよう》になったからだよ。今《いま》の東京《とうきょう》もそうだけど、人《ひと》やお金《かね》が集《あつ》まってくれば、文化《ぶんか》の中心《ちゅうしん》となる、ゆたかな町《まち》が求《もと》められるものなんだ。

でも、しばらくすると、問題《もんだい》も出《で》てきた。大化《たいか》の改新《かいしん》で活躍《かつやく》した中臣鎌足《なかとみのかまたり》は、そのあとに藤原鎌足《ふじわらのかまたり》って名前《なまえ》を変《か》えているけど、その子《こ》どもや孫《まご》になる藤原氏《ふじわらし》の人《ひと》たちが権力《けんりょく》をうかがって反乱《はんらん》が起《お》きたんだ。それに、悪《わる》い病気《びょうき》がはやったり、洪水《こうずい》などの災害《さいがい》が起《お》きたり、いろんなことがあって、世《よ》の中《なか》が不安《ふあん》だらけになってしまったんだね。そんなときに即位《そくい》したのが、聖武天皇《しょうむてんのう》だよ。

仏《ほとけ》にたよった聖武天皇《しょうむてんのう》

聖武天皇《しょうむてんのう》は、仏教《ぶっきょう》の力《ちから》で、不安《ふあん》な世《よ》の中《なか》をしずめようと考《かんが》えた。仏《ほとけ》さまを信《しん》じることで、つらい思《おも》いをしている人《ひと》も、がんばろうって気持《きも》ちになれるからだよ。それに、仏《ほとけ》さまを信《しん》じていれば、仏《ほとけ》さまだってみんなを助《たす》けてくれるという考《かんが》えなんだ。

聖武天皇《しょうむてんのう》は、都《みやこ》の人《ひと》だけじゃなくて、国《くに》じゅうの人《ひと》たちがお寺《てら》にお参《まい》りできるようにしようと、全国《ぜんこく》のあちこちに、国分寺《こくぶんじ》と国分尼寺《こくぶんにじ》をつくって、都《みやこ》には東大寺《とうだいじ》っていう大《おお》きなお寺《てら》を建《た》てている。東大寺《とうだいじ》は今《いま》も奈良《なら》にあるから、きっとみんなも、いつかはお参《まい》りに行《い》くんじゃないかな？

それに、この東大寺《とうだいじ》にはびっくりするほど大《おお》きな仏像《ぶつぞう》、つまり、大仏《だいぶつ》があるけど、この大仏《だいぶつ》をつくることを命《めい》じたのも聖武天皇《しょうむてんのう》だ。「多《おお》くの人《ひと》が協力《きょうりょく》してつくってこそ、この国《くに》がひとつにまとまることができる」と考《かんが》えて、日本《にほん》じゅうに協力《きょうりょく》をよびかけたんだ。

奈良時代《ならじだい》は、不安《ふあん》や争《あらそ》いごとも多《おお》かったんだけど、聖武天皇《しょうむてんのう》が仏教《ぶっきょう》を広《ひろ》めたことで、世《よ》の中《なか》は落《お》ち着《つ》きを取《と》りもどし、はなやかな天平文化《てんぴょうぶんか》が栄《さか》えていったんだ。

モデルは中国《ちゅうごく》、唐《とう》の都《みやこ》・長安《ちょうあん》

10万《まん》人《にん》が暮《く》らした平《へい》城《じょう》京《きょう》

唐《とう》の都《みやこ》・長安《ちょうあん》をモデルにしてつくった平城京《へいじょうきょう》は、10万人《まんにん》もの人《ひと》が住《す》んでいた大《おお》きな都《みやこ》だ。

昔《むかし》は、天皇《てんのう》がかわるたびに都《みやこ》を移《うつ》していたんだけど、いつまでも引《ひ》っこしばかりしていられないということで、中国《ちゅうごく》（唐《とう》）の都《みやこ》・長《ちょう》安《あん》にならってつくった大《おお》きな都《みやこ》が奈良《なら》の平城《へいじょう》京《きょう》だ。

碁盤《ごばん》の目《め》のように、東西南北《とうざいなんぼく》に規則正《きそくただ》しく道《みち》がつくられて、天皇《てんのう》が住《す》む皇居《こうきょ》や、貴族《きぞく》や役人《やくにん》が住《す》む家《いえ》、お寺《てら》も建《た》てられたんだ。

それだけでなく、田《た》んぼや畑《はたけ》もあったんだよ。東西《とうざい》が約《やく》4200メートル、南北《なんぼく》が約《やく》4700メートルあったから、本当《ほんとう》に広《ひろ》くて、いろんな人《ひと》たちが住《す》んでいたんだ。

10万《まん》人《にん》の大《おお》きな都《みやこ》

約《やく》10万人《まんにん》が住《す》んでいたそうだけど、えらい貴族《きぞく》は100人《にん》ほどで、ふつうの役人《やくにん》は600人《にん》ほどだったっていうから、貴族《きぞく》だけが住《す》んでいる都《みやこ》じゃなかったんだね。

平城京《へいじょうきょう》は710年《ねん》に元明天皇《げんめいてんのう》がつくったんだけど、「なんと（710）、大《おお》きな都《みやこ》」というふうに覚《おぼ》えられるよ。

完成《かんせい》までに30年《ねん》！　大仏《だいぶつ》が日本《にほん》を救《すく》う

国《くに》じゅうの力《ちから》を集《あつ》めた大仏《だいぶつ》づくり

世《よ》の中《なか》の不安《ふあん》をしずめるため、聖武天皇《しょうむてんのう》は奈良《なら》の東大寺《とうだいじ》に大《おお》きな大仏《だいぶつ》をつくったんだ。

悪《わる》い病気《びょうき》がはやったり、洪水《こうずい》などの災害《さいがい》が起《お》きたりして、人《ひと》びとの不安《ふあん》が大《おお》きくなってきたとき、仏教《ぶっきょう》の力《ちから》で世《よ》の中《なか》をしずめようと考《かんが》えたのが聖武天皇《しょうむてんのう》だよ。

聖武天皇《しょうむてんのう》は国《くに》（今《いま》の県《けん》のようなもの）ごとに国分寺《こくぶんじ》と国分尼寺《こくぶんにじ》をつくったんだ。尼《に》っていうのは、尼《あま》さん、つまり女《おんな》の人《ひと》のお坊《ぼう》さんのことだよ。

その国分寺《こくぶんじ》と国分尼寺《こくぶんにじ》の本部《ほんぶ》、ちょっとむずかしいことばでいうと、総本山《そうほんざん》として建《た》てられたのが都《みやこ》の東大寺《とうだいじ》だ。

大仏《だいぶつ》づくりで活躍《かつやく》した行基《ぎょうき》

聖武天皇《しょうむてんのう》は、この東大寺《とうだいじ》に大仏《だいぶつ》をつくることもきめたんだ。奈良《なら》の大仏《だいぶつ》さまがどれくらい大《おお》きいか知《し》っている？　高《たか》さが15《メートル》ほどあって、鼻《はな》の穴《あな》を人《ひと》が通《とお》れるくらい大《おお》きいんだ！　だから、つくろうってきめてもすぐにはできないから、国《くに》じゅうの人《ひと》たちの力《ちから》が必《ひっ》要《よう》だったんだ。

このとき、聖武天皇《しょうむてんのう》が協力《きょうりょく》を求《もと》めたのが、僧《そう》の行基《ぎょうき》だ。このお坊《ぼう》さんは、朝鮮半島《ちょうせんはんとう》の百済《くだら》っていう国《くに》から日本《にほん》に来《き》ていた渡来人《とらいじん》の子《こ》どもなんだけど、大仏《だいぶつ》をつくるには、すぐれた技術《ぎじゅつ》が必要《ひつよう》だったから、行基《ぎょうき》のほかにも、渡来人《とらいじん》の子孫《しそん》が大仏《だいぶつ》づくりの指導者《しどうしゃ》になっていたんだね。

のべ250万《まん》人《にん》の力《ちから》でできた

大仏《だいぶつ》をつくろうときめてから、お金《かね》を集《あつ》めて、完成《かんせい》するまでには、なんと、30年《ねん》くらいの長《なが》い時間《じかん》がかかっているんだ。

聖武天皇《しょうむてんのう》や行基《ぎょうき》は、国《くに》のためにと思《おも》って大仏《だいぶつ》をつくろうとしたんだけど、暮《く》らしが楽《らく》じゃない農民《のうみん》のなかには、税《ぜい》の負担《ふたん》にたえられず、村《むら》からにげてしまった人《ひと》もいるんだよ。

大仏《だいぶつ》をつくるために、のべ250万人《まんにん》以上《いじょう》が働《はたら》いたといわれているから、ものすごい事業《じぎょう》だったんだ。

それだけの人《ひと》を集《あつ》められたのは、都《みやこ》からの命令《めいれい》が全国《ぜんこく》にいきわたるしくみができていたからだ。このころには、それくらい国《くに》として日本《にほん》がまとまってきていたってことも、大仏《だいぶつ》がつくられたことからわかるんだ。

そうやってつくられた大仏《だいぶつ》だけど、じつはその後《ご》に地震《じしん》でこわれたり、火事《かじ》で焼《や》けたりして、何度《なんど》も修理《しゅうり》している。今《いま》の大仏《だいぶつ》は、つくりなおされたものなんだけど、最初《さいしょ》の大仏《だいぶつ》は、今《いま》の大仏《だいぶつ》よりちょっと大《おお》きくて、高《たか》さが16・2メートルもあったんだ。

目《め》が見《み》えなくなっても日本《にほん》に来《き》た
日本《にほん》の仏教《ぶっきょう》を正《ただ》した鑑真《がんじん》

仏教《ぶっきょう》の教《おし》えを広《ひろ》めるため、鑑《がん》真《じん》は10年以上《ねんいじょう》もかかって、やっと日本《にほん》にたどり着《つ》いたんだ。

もっと仏教《ぶっきょう》の教《おし》えを広《ひろ》めたいと思《おも》った朝廷《ちょうてい》は、唐《とう》の鑑真《がんじん》という高僧《こうそう》に、弟子《でし》を日本《にほん》に送《おく》ってほしいとたのんでいたんだ。でも、鑑真《がんじん》の弟子《でし》たちは日本《にほん》に行《い》きたくないと、しりごみした。それで、だったら自分《じぶん》が行《い》くって鑑《がん》真《じん》が決意《けつい》したんだ。

だけど、あらしにあって船《ふね》が流《なが》されたり、鑑真《がんじん》が病気《びょうき》になったりして、6回目《かいめ》の航海《こうかい》でやっと日本《にほん》に着《つ》いた。決意《けつい》してから10年以上《ねんいじょう》たって、66才《さい》になっていた鑑真《がんじん》は、あまりに苦労《くろう》しすぎて、目《め》も見《み》えなくなっていたんだ。

自分《じぶん》のお寺《てら》もつくった

それでも鑑真《がんじん》は、僧《そう》がしてはいけないこと、僧《そう》の生活《せいかつ》のしかたといった戒律《かいりつ》を伝《つた》えて、日《に》本《ほん》の仏教《ぶっきょう》のまちがっていたところを正《ただ》してくれたんだ。聖武天皇《しょうむてんのう》も教《おし》えをさずけられたように、鑑真《がんじん》が日本《にほん》に来《き》てくれたことで、仏教《ぶっきょう》は大《おお》きく発展《はってん》していったんだね。

唐《とう》から今《いま》の鹿児島県《かごしまけん》あたりにたどり着《つ》き、都《みやこ》に着《つ》いた鑑真《がんじん》は、東大寺《とうだいじ》で戒律《かいりつ》を伝《つた》えた。そのあとに開《ひら》いたのが唐招提寺《とうしょうだいじ》だよ。

30年《ねん》もかかったゾ

とっても大《おお》きい！ 大仏《だいぶつ》

◉約《やく》16メートルで30年《ねん》

大仏《だいぶつ》の高《たか》さは16.2メートル。完成《かんせい》までには30年以上《ねんいじょう》もかかった大事業《だいじぎょう》だった。

きょうりゅうより大《おお》きいのね！

◉渡来人《とらいじん》たちの技術《ぎじゅつ》

大仏《だいぶつ》をつくるには、すぐれた技術《ぎじゅつ》が必要《ひつよう》だった。その技術《ぎじゅつ》を持《も》っていたのが渡来人《とらいじん》たちだ。

奈良《なら》時代《じだい》の宝物《ほうもつ》がいっぱい

天平《てんぴょう》文化《ぶんか》の宝箱《たからばこ》　正倉院《しょうそういん》

奈良《なら》時代《じだい》の文化《ぶんか》は仏教《ぶっきょう》の教《おし》えと深《ふか》く結《むす》びついていたんだ。この文化《ぶんか》を天平文化《てんぴょうぶんか》というよ。

奈良《なら》時代《じだい》に栄《さか》えた、はなやかな文化《ぶんか》は天平《てんぴょう》文化《ぶんか》っていうんだ。どうして、はなやかだったかというと、平城京《へいじょうきょう》が文化《ぶんか》の中心《ちゅうしん》となって、貴族《きぞく》たちがそれを支《ささ》えていたからなんだ。

大和時代《やまとじだい》から唐《とう》に送《おく》るようになっていた遣《けん》唐使《とうし》は、奈良時代《ならじだい》になっても続《つづ》いていて、このころの日本《にほん》よりすすんでいた唐《とう》の文化《ぶんか》のいいところを取《と》り入《い》れようとしていたんだ。

それに、このころの唐《とう》は、アジア大陸《たいりく》を横《おう》断《だん》するシルクロードっていう道《みち》を通《つう》じて、西《にし》アジアやヨーロッパの国《くに》ぐにと交流《こうりゅう》していたから、遣唐使《けんとうし》によってヨーロッパの文化《ぶんか》も日《に》本《ほん》に入《はい》ってくるようになっていたんだ。

仏教《ぶっきょう》とともに発展《はってん》した天平文化《てんぴょうぶんか》

「天平《てんぴょう》」は聖武天皇《しょうむてんのう》のときの年号《ねんごう》だから、仏《ぶっ》教《きょう》とともに発展《はってん》していった文化《ぶんか》だともいえるんだよ。

彫刻《ちょうこく》にしても、唐《とう》から来《き》てくれた鑑真《がんじん》がいろんなことを教《おし》えてくれたんだ。鑑真《がんじん》が開《ひら》いた唐招提寺《とうしょうだいじ》には、今《いま》でも鑑真像《がんじんぞう》があるけど、これが日本《にほん》ではじめてつくられた「人《ひと》をモデルにした彫刻《ちょうこく》」だっていわれているんだ。

このころにえがかれた絵《え》もいろいろ残《のこ》されている。それもやっぱり、仏教《ぶっきょう》や唐《とう》の文化《ぶんか》のえいきょうを受《う》けているんだよ。

そんな奈良時代《ならじだい》の宝物《ほうもつ》が1万点《まんてん》もおさめられているのが東大寺《とうだいじ》の正倉院《しょうそういん》だ。

聖武天皇《しょうむてんのう》が使《つか》っていたものや、大仏《だいぶつ》づくりで使《つか》った道具《どうぐ》なんかもあるし、遣唐使《けんとうし》が唐《とう》から持《も》ち帰《かえ》ったものもあるんだよ。

5本《ほん》の弦《げん》がある五弦《ごげん》のびわや、ガラスのコップや、漆《うるし》ぬりの水《みず》さしなんかは、教科書《きょうかしょ》にもよくのっているぞ。こうしたコップは、ペルシャ（今《いま》のイランあたり）でつくられたものだっていわれている。ほかにも、唐《とう》やインドから持《も》ち帰《かえ》ったものがあったり、なかにはこのころのヨーロッパの文化《ぶんか》につながる宝物《ほうもつ》も多《おお》いんだ。

いちばん古《ふる》い歴史《れきし》の本《ほん》『古事記《こじき》』

それと、このころ、政治《せいじ》のしくみが整《ととの》ってきたから、日本《にほん》という国《くに》のなり立《た》ちを明《あき》らかにしようという考《かんが》えが出《で》てきたことも覚《おぼ》えておこう。

日本《にほん》の歴史《れきし》をまとめておこうときめたのは大和時代《やまとじだい》の天武天皇《てんむてんのう》だけど、『古事記《こじき》』と『日本書紀《にほんしょき》』っていう書物《しょもつ》が完成《かんせい》したのは奈《な》良時代《らじだい》に入《はい》ってからなんだ。日本《にほん》がどういうふうにできたかが書《か》かれている、いちばん古《ふる》い歴史《れきし》の本《ほん》だよ。

政治《せいじ》に参加《さんか》したお坊《ぼう》さん
天《てん》皇《のう》になろうとした道《どう》鏡《きょう》

天皇《てんのう》の病気《びょうき》を治《なお》した道鏡《どうきょう》は、そのあと政治《せいじ》にも参加《さんか》するようになっていくんだ。

奈良時代《ならじだい》になると、政治《せいじ》に参加《さんか》しようとするお坊《ぼう》さんも出《で》てきたんだ。そのひとりが、道鏡《どうきょう》だよ。

道鏡《どうきょう》は、孝謙天皇《こうけんてんのう》の病気《びょうき》を治《なお》したことから信頼《しんらい》を得《え》た。そして、太政大臣禅師《だいじょうだいじんぜんじ》、法王《ほうおう》というお坊《ぼう》さんのなかでいちばんえらくて、政《せい》治《じ》にも参加《さんか》できる特別《とくべつ》な地位《ちい》についたんだ。それで道鏡《どうきょう》は、仏教《ぶっきょう》の教《おし》えにもとづいた政治《せいじ》をしようとしたんだね。

えらくなった道鏡《どうきょう》は、天皇《てんのう》の位《くらい》までのぞんでいるっていわれはじめた。でも、日本《にほん》の天《てん》皇《のう》はずっと、血《ち》のつながりで受《う》けつがれてきているからね。血《ち》のつながりがない人《ひと》が天皇《てんのう》の位《くらい》をのぞむだなんて、とんでもないことだって考《かんが》えられたんだ。

本当《ほんとう》のことはわからない

それで道鏡《どうきょう》は、孝謙天皇《こうけんてんのう》が死《し》んでしまったあと、都《みやこ》を追《お》い出《だ》されて、遠《とお》くはなれた国《くに》(今《いま》の栃木県《とちぎけん》)に行《い》かされたんだ。でも、道《どう》鏡《きょう》が本当《ほんとう》に天皇《てんのう》になりたがっていたのかどうかはわからないんだ。

物々交換《ぶつぶつこうかん》からお金《かね》の使用《しよう》へ

昔《むかし》のお金《かね》、和《わ》同《どう》開《かい》珎《ちん》

それまでは物々交換《ぶつぶつこうかん》が主流《しゅりゅう》だったけど、お金《かね》を広《ひろ》めるために使《つか》われたのが和同開珎《わどうかいちん》だぞ。

日本《にほん》で最初《さいしょ》にお金《かね》がつくられたのがいつなのかは、ハッキリしない。だけど、流通《りゅうつう》したお金《かね》、つまり、多《おお》くの人《ひと》に使《つか》われるようになったはじめてのお金《かね》が和同開珎《わどうかいちん》なんだよ。このお金《かね》もやっぱり、唐《とう》のお金《かね》にならってつくられたから、唐《とう》のお金《かね》に似《に》てるんだ。

和同開珎《わどうかいちん》は、都《みやこ》を平城京《へいじょうきょう》に移《うつ》す2年前《ねんまえ》の708年《ねん》につくられたんだ。都《みやこ》を移《うつ》すのにかかるお金《かね》を計算《けいさん》しやすくする目的《もくてき》もあったんだね。都《みやこ》が移《うつ》ったあとも、このお金《かね》を広《ひろ》めるために、税《ぜい》を和同開珎《わどうかいちん》でおさめさせたり、たくさんお金《かね》を集《あつ》めた人《ひと》に位《くらい》をさずけたりする方《ほう》法《ほう》をとっていたんだ。

地方《ちほう》ではお金《かね》よりも物々交換《ぶつぶつこうかん》

でも、この時代《じだい》はお金《かね》でものを買《か》うよりも、品物《しなもの》と品物《しなもの》を交換《こうかん》するほうが多《おお》かった。だから、都《みやこ》とその近《ちか》く以外《いがい》ではあまり使《つか》われず、日本全国《にほんぜんこく》にはそんなに広《ひろ》がらなかったんだ。だけど、和同開珎《わどうかいちん》がつくられたあとは、朝廷《ちょうてい》は貨幣《かへい》（お金《かね》）を使《つか》ってもらおうと、ほかのお金《かね》もよくつくられるようになったんだよ。

5円玉《えんだま》に似《に》ているよ！

これが和《わ》同《どう》開《かい》珎《ちん》だ

◉読《よ》み方《かた》は「わどうかいちん」

むかしは「わどうかいほう」と読《よ》むこともあったけれど、今《いま》はその読《よ》み方《かた》はしないことが多《おお》いよ。

和同開珎

穴《あな》をあけるのって、むずかしそう

◉真《ま》ん中《なか》に穴《あな》があいている

ちょうど、今《いま》の5円《えん》、50円硬貨《えんこうか》のように、穴《あな》があいているね。

平安時代《へいあんじだい》①

新《あたら》しい都《みやこ》、新《あたら》しい仏教《ぶっきょう》

本当《ほんとう》の仏教《ぶっきょう》を求《もと》めて　の巻《まき》

新《あたら》しい都《みやこ》（平安京《へいあんきょう》）をつくり よい政治《せいじ》をしようと がんばったのに…
どんより〜〜
都《みやこ》は未完成《みかんせい》だし 財政《ざいせい》は赤字《あかじ》だし 役人《やくにん》は不正《ふせい》だらけで 政治《せいじ》は乱《みだ》れるし かえって民《たみ》の生活《せいかつ》は 苦《くる》しくなるばかりだし…
ヒドイ 時代《じだい》…
どうすりゃいいのか
大仏《だいぶつ》さまに たのめば？
仏教《ぶっきょう》は人《ひと》を 救《すく》うんでしょ？
このころの仏教《ぶっきょう》は学問《がくもん》ばかりで 人《ひと》を救《すく》おうとしないし
おまけに政治《せいじ》に 口出《くちだ》しする僧《そう》まで 出《で》てきて… 困《こま》ったことじゃ
やれやれ
天皇《てんのう》さま!!
ジャーン
私《わたくし》たちを 唐《とう》（中国《ちゅうごく》）へ 行《い》かせてください！
人《ひと》びとを救《すく》うための仏教《ぶっきょう》を 命《いのち》をかけて探《さが》してまいります
最澄《さいちょう》
空海《くうかい》
そうか！ では たのむぞ
当時《とうじ》 中国《ちゅうごく》までの 道《みち》のりは本当《ほんとう》に 命《いのち》がけでした
勇敢《ゆうかん》だなあ〜
カッコイ〜

よし!
変身《へんしん》
ぼくは賢《かしこ》そうな
最澄《さいちょう》の役《やく》をやるぞ!!
はいはい
じゃオラ 空海《くうかい》
へら
へら
まんじゅうくうかい?なんてネ
だいじょうぶかな〜
ふたりは留学僧《りゅうがくそう》として
遣唐使船《けんとうしせん》に乗《の》ります
かざまクン おそいゾ〜
最澄《さいちょう》ってよべよ!!
きょうそうすんな
ゴロゴロ…
ザザザ〜
しかし! あらしで難破寸前《なんぱすんぜん》!!
ゴオッ
ひえ〜
お〜ゆうえんちのパイレーツみたーい
最澄《さいちょう》は54日《にち》かかって
唐《とう》の明州《めいしゅう》になんとか到着《とうちゃく》
ボロ
ボロ
しんちゃんのフネにのればよかった
ぐったり〜
一方《いっぽう》 空海《くうかい》の船《ふね》は1カ月《げつ》漂流《ひょうりゅう》
した後《あと》 別《べつ》の地点《ちてん》に到着《とうちゃく》
あせらない あせらない
ワカメくうかい?
だいじょうぶかなぁ?
ゆら
ちゃぷ
ちゃぷ

さあ!!
天台山《てんだいさん》へ行《い》って法華経《ほけきょう》を学《まな》ぶぞー!!
ふたりはそれぞれに最高《さいこう》の仏教《ぶっきょう》を探《さが》します
オラたちなにするの?
ラーメンくうかい!?
大日経《だいにちきょう》を求《もと》めて長安《ちょうあん》へ行《い》くんだよ〜
日本《にほん》の仏教《ぶっきょう》はすべて学《まな》びました!! 法華経《ほけきょう》のすべてを教《おし》えてください!!
協力《きょうりょく》しましょう
ビシッ
日本《にほん》でキビシイ修行《しゅぎょう》をつんできた
そうはみえないけど…
ちゅうかまん
本当《ほんとう》の空海《くうかい》は本当《ほんとう》に立派《りっぱ》なんです
ねんのため
ポリポリ
バリバリ
しっかり学《まな》んで日本《にほん》に広《ひろ》めるぞっ
ふたりはモーレツに努力《どりょく》します!!
空海《くうかい》の役《やく》タッチ!
え〜ずるいよ〜
ポン

そして1年後《ねんご》…
法華経《ほけきょう》はすべてお教《おし》えしました
卒業《そつぎょう》だー
よーし日本《にほん》に帰《かえ》るぞー!!
ねーねー日本《にほん》に帰《かえ》ろうよ~
あきちゃったしィ
密教《みっきょう》の秘法《ひほう》をさずかるまで帰《かえ》れないのっ!!
ゴロ
ゴロ
先《さき》に日本《にほん》に帰《かえ》った最澄《さいちょう》は学《まな》んだ仏教《ぶっきょう》を広《ひろ》めるため天台宗《てんだいしゅう》を開《ひら》きます
ワイ
ワイ
1年《ねん》おくれて帰《かえ》った空海《くうかい》は真言宗《しんごんしゅう》を開《ひら》きます
お坊《ぼう》さま!日照《ひで》りが続《つづ》き畑《はたけ》がカラカラで困《こま》っています
では雨《あめ》を降《ふ》らす秘法《ひほう》で…
?
ムニャ
ムニャ
もくもくもく…
!
おお 雨《あめ》だ!! たすかった~
ザーッ
すごい!! 空海《くうかい》のみつけた仏教《ぶっきょう》には不思議《ふしぎ》な力《ちから》があるのか!?

ぼくにも密教《みっきょう》を教《おし》えてよ!
ふたりの仏教《ぶっきょう》をひとつにすればより完全《かんぜん》になるね
あ!
密教《みっきょう》とは秘密《ひみつ》の仏教《ぶっきょう》ゆえに密教《みっきょう》という
あ! そうか話《はな》しちゃいけないんだった
どてっ
ふたりの持《も》ち帰《かえ》った仏教《ぶっきょう》は完全《かんぜん》ではありませんでしたが
そんな
はなしたいな
ダメ
「人《ひと》を苦《くる》しみより救《すく》う」という 仏教本来《ぶっきょうほんらい》の目的《もくてき》にそいふたりはこの後《あと》も活躍《かつやく》します!
おいなにやってんだ?
なんだソレ
!
ピピピ…
コレおもしろいゾためしてみる?
え?
ここのボタンをおすんだよ
あ、ありがと
さっきはゴメンな
いっしょにおやつくうかい?
わい
わい

平安時代《へいあんじだい》のスーパー天才僧侶《てんさいそうりょ》

空《くう》海《かい》

密教《みっきょう》をおさめ書道《しょどう》も一流《いちりゅう》。学問《がくもん》を教《おし》え、井戸《いど》もほりあてた。空海《くうかい》は文字通《もじどお》り天才《てんさい》だったんだ。

■エピソード①

唐《とう》で仏教《ぶっきょう》を学《まな》んで、真言宗《しんごんしゅう》を開《ひら》き、高野山《こうやさん》に金剛峰寺《こんごうぶじ》を建《た》てた。

■エピソード②

日本全国《にほんぜんこく》で学校《がっこう》をつくったり、井戸《いど》をほったりして人《ひと》びとが暮《く》らしやすいようにした。

■エピソード③

弘法大師《こうぼうだいし》という名前《なまえ》を朝廷《ちょうてい》からもらった。また、とても書道《しょどう》が上手《じょうず》だった。

長《なが》く続《つづ》いた平安京《へいあんきょう》

昔《むかし》は、ほかの地方《ちほう》から京《きょう》（京都《きょうと》）に行《い》くことを上京《じょうきょう》とか上洛《じょうらく》っていったんだ。洛《らく》っていうのは、中国《ちゅうごく》の都《みやこ》、洛陽《らくよう》からとっているんだね。今《いま》では、上京《じょうきょう》っていうと、東京《とうきょう》に行《い》くことを意味《いみ》するけど、京都《きょうと》に行《い》くことも、やっぱり上京《じょうきょう》ってよんだりするんだ。

それくらい、京《きょう》といえば都《みやこ》ってイメージが強《つよ》いんだね。

平安京《へいあんきょう》に都《みやこ》を移《うつ》した７９４年《ねん》から４００年《ねん》あまりが、平安時代《へいあんじだい》とよばれているんだよ。平安時代《へいあんじだい》には、貴族《きぞく》がゆたかな生活《せいかつ》をしていて、はなやかな文化《ぶんか》をつくっていったんだ。そういう意味《いみ》では、奈良時代《ならじだい》に似《に》ているんだけど、政治《せいじ》の面《めん》でも文化《ぶんか》の面《めん》でも、もっと発達《はったつ》している。

平安京《へいあんきょう》に都《みやこ》を移《うつ》した桓武天皇《かんむてんのう》は、貴族《きぞく》が力《ちから》を持《も》ちすぎないように政治《せいじ》を整《ととの》えていったんだ。それに、このころはまだ朝廷《ちょうてい》にはしたがっていなかった陸奥《むつ》の国《くに》にも大軍《たいぐん》を送《おく》っている。

陸奥《むつ》の国《くに》っていうのは、今《いま》の東北地方《とうほくちほう》のことだけど、ここに住《す》んでいる人《ひと》たちのことは蝦夷《えみし》とよばれていたんだ。その蝦夷《えみし》を朝廷《ちょうてい》にしたがうようにしたんだね。

かな文字《もじ》ができたり、貴族《きぞく》の暮《く》らしがゆたかになったりしたのも、平安時代《へいあんじだい》になってからだ。このように、平安時代《へいあんじだい》っていうのは、日本《にほん》ふうの文化《ぶんか》ができてきた時代《じだい》なんだ。

なんでもできた天才《てんさい》・空海《くうかい》

奈良時代《ならじだい》にも仏教《ぶっきょう》は発展《はってん》したけど、平安時《へいあんじ》代《だい》にも仏教《ぶっきょう》の発展《はってん》はすすんだよ。その中心《ちゅうしん》になった僧《そう》が、空海《くうかい》なんだ。

空海《くうかい》は讃岐《さぬき》（今《いま》の香川県《かがわけん》）で生《う》まれ、京《きょう》の都《みやこ》で勉強《べんきょう》したあと、唐《とう》にも行《い》って仏教《ぶっきょう》を学《まな》んだ。そして、日本《にほん》に帰《かえ》ってから、その教《おし》えを広《ひろ》めたんだ。

仏教《ぶっきょう》にもいろんな宗派《しゅうは》があるけど、空海《くうかい》が開《ひら》いたのは真言宗《しんごんしゅう》っていうんだ。高野山《こうやさん》に金《こん》剛峰寺《ごうぶじ》を建《た》てただけじゃなく、京都《きょうと》の東寺《とうじ》もまかせられて、貴族《きぞく》に仏教《ぶっきょう》を教《おし》えたんだ。

それだけじゃなく、ふつうの人《ひと》たちのために学校《がっこう》をつくって勉強《べんきょう》を教《おし》えたり、日本《にほん》のあちこちに池《いけ》や井戸《いど》をつくったりして、みんなが暮《く》らしやすくなるようにしたんだ。

そんな活躍《かつやく》をしたから、なくなったあとには、朝廷《ちょうてい》から弘法大師《こうぼうだいし》って名前《なまえ》をもらっている。空海《くうかい》は、書道《しょどう》にもすぐれていたから、「弘法筆《こうぼうふで》を選《えら》ばず」って、ことわざもあるんだよ。どんな筆《ふで》でも、いい字《じ》は書《か》ける。つまり、いいものばっかりほしがっていてはダメだぞという意味《いみ》だね。

うまくいかない政治《せいじ》をたてなおす

桓《かん》武《む》天《てん》皇《のう》の律《りつ》令《りょう》制《せい》の見《み》直《なお》し

桓武天皇《かんむてんのう》は、貴族《きぞく》の力《ちから》をおさえて天皇中心《てんのうちゅうしん》の政治《せいじ》をするために改革《かいかく》をおこなったんだ。

大和時代《やまとじだい》に大宝律令《たいほうりつりょう》ができてからは、律令《りつりょう》政治《せいじ》がおこなわれていたんだけど、思《おも》うようにいかないことも出《で》てきたんだ。このままじゃいけないってことで、律令政治《りつりょうせいじ》を見直《みなお》したのが桓武天皇《かんむてんのう》だよ。

桓武天皇《かんむてんのう》は、政治《せいじ》と仏教《ぶっきょう》を切《き》りはなして、貴族《きぞく》の力《ちから》をおさえ、天皇中心《てんのうちゅうしん》に政治《せいじ》をおこなえるようにしたんだ。

班田収授《はんでんしゅうじゅ》をしっかりおこなわせたり、農民《のうみん》が苦《くる》しまないように、いろんなしくみを変《か》えたり、農民《のうみん》がにげないように取《と》りしまったりもしている。

役人《やくにん》をチェックする役人《やくにん》

また、地方《ちほう》ごとにいる国司《こくし》という役人《やくにん》が、いいかげんな地方政治《ちほうせいじ》をしていたので、取《と》りしまりをきびしくしたんだ。国司《こくし》が交代《こうたい》するときには、前《まえ》の国司《こくし》が不正《ふせい》をしていなかったかを調《しら》べるんだけど、それがちゃんとおこなわれているかチェックする役人《やくにん》をつくったんだ。そうやって、朝廷《ちょうてい》の力《ちから》を国《くに》じゅうに広《ひろ》げていったんだね。

経済《けいざい》と文化《ぶんか》の中心《ちゅうしん》

400年《ねん》の都《みやこ》 平安京《へいあんきょう》

794年《ねん》にできたのが平安京《へいあんきょう》だ。それから400年《ねん》、この都《みやこ》が日本《にほん》の中心《ちゅうしん》だったんだ。

794年《ねん》に、桓武天皇《かんむてんのう》が、今《いま》の京都市《きょうとし》にあたる平安京《へいあんきょう》に都《みやこ》を移《うつ》したのも、律令政治《りつりょうせいじ》を見《み》直《なお》すためだったんだ。京都《きょうと》は、まわりを山《やま》に囲《かこ》まれているけど、山《やま》はなだらかだし、東《ひがし》と西《にし》に川《かわ》が流《なが》れていて、交通《こうつう》の便《べん》もよかった。平安京《へいあんきょう》も、平城京《へいじょうきょう》と同《おな》じように、碁盤《ごばん》の目《め》のように、東西南北《とうざいなんぼく》に規則正《きそくただ》しく道《みち》がつくられたんだよ。東西《とうざい》が約《やく》4600メートル、南北《なんぼく》が約《やく》5300メートルだから、平城京《へいじょうきょう》より少《すこ》し大《おお》きいんだね。

京都市《きょうとし》の道《みち》が、今《いま》でも規則正《きそくただ》しく並《なら》んでいるのは、平安京《へいあんきょう》のなごりなんだ。

日本《にほん》の中心《ちゅうしん》は京都《きょうと》だった

平安京《へいあんきょう》は400年《ねん》あまりも都《みやこ》のままで、日《に》本《ほん》の中心《ちゅうしん》になっていたから、経済《けいざい》の面《めん》でも文《ぶん》化《か》の面《めん》でも栄《さか》えていった。天皇《てんのう》が住《す》む場所《ばしょ》は、平安京《へいあんきょう》に都《みやこ》が移《うつ》されたあと、明治時代《めいじじだい》になるまで1100年《ねん》も京都《きょうと》にあったんだ。

平安京《へいあんきょう》に移《うつ》った794年《ねん》は、「鳴《な》くよ（794）ウグイス、平安京《へいあんきょう》」って覚《おぼ》えられるよ。ウグイスだなんて京都《きょうと》っぽいよね。

日本《にほん》の中心《ちゅうしん》、京《きょう》の街《まち》

きれいだね！ 平安京《へいあんきょう》

◉平城京《へいじょうきょう》より大《おお》きい平安京《へいあんきょう》

唐《とう》の長安《ちょうあん》をまねた平安京《へいあんきょう》は東西《とうざい》が約《やく》4600メートル、南北《なんぼく》が約《やく》5300メートルの大《おお》きな街《まち》。

◉政治《せいじ》の中心《ちゅうしん》・大内裏《だいだいり》

平安京《へいあんきょう》の北《きた》にある大内裏《だいだいり》には天《てん》皇《のう》が住《す》む場所《ばしょ》があり、政治《せいじ》と儀《ぎ》式《しき》などをおこなう中心《ちゅうしん》だった。

国《くに》を救《すく》うから人《ひと》を救《すく》うへ

新《あたら》しい仏教《ぶっきょう》の伝来《でんらい》

仏教《ぶっきょう》は国《くに》のためのものだった。でも、空海《くうかい》と最澄《さいちょう》が伝《つた》えた仏教《ぶっきょう》は、人《ひと》を救《すく》うものだった。

奈良時代《ならじだい》の仏教《ぶっきょう》は、人《ひと》びとを救《すく》うものというよりも、国《くに》をよくするためのものとして考《かんが》えられていた。だから、道鏡《どうきょう》みたいに政治《せいじ》に参加《さんか》する僧《そう》も出《で》てきてしまったわけだね。

そこで桓武天皇《かんむてんのう》は、仏教《ぶっきょう》と政治《せいじ》を切《き》りはなそうとした。僧《そう》が悪《わる》いことをしないように取《と》りしまったり、人《ひと》びとに仏教《ぶっきょう》を広《ひろ》めることをすすめたりしたんだ。

そんななかで、国《くに》よりも人《ひと》びとのことを考《かんが》えて、仏教《ぶっきょう》でみんなを救《すく》おうとする僧《そう》が出《で》てきたんだ。

考《かんが》えのちがいで生《う》まれた宗派《しゅうは》

お葬式《そうしき》などで聞《き》くお経《きょう》にもいろいろあるよね。あれは、同《おな》じ仏教《ぶっきょう》でも、宗派《しゅうは》がちがうからなんだ。

仏教《ぶっきょう》のなかでも、どのお経《きょう》を大切《たいせつ》にするかとか、どうやって人《ひと》びとを救《すく》おうとするか、などの部分《ぶぶん》で、考《かんが》え方《かた》にちがいがある。それを分《わ》けたものを宗派《しゅうは》っていうんだ。平安時代《へいあんじだい》には、そういう宗派《しゅうは》が生《う》まれてきて、日本《にほん》じゅうに広《ひろ》く仏教《ぶっきょう》が伝《つた》えられていったんだよ。

新《あたら》しい僧《そう》、最澄《さいちょう》と空海《くうかい》

最澄《さいちょう》は、遣唐使《けんとうし》といっしょに唐《とう》に行《い》って勉《べん》強《きょう》したあと、天台宗《てんだいしゅう》を開《ひら》いたんだ。天台宗《てんだいしゅう》では、きびしい修行《しゅぎょう》が求《もと》められるんだけど、法《ほっ》華経《けきょう》の教《おし》え・密教《みっきょう》・禅《ぜん》・戒律《かいりつ》の総合仏教《そうごうぶっきょう》として今《いま》でも残《のこ》っているよ。「人《ひと》はだれでも仏《ほとけ》さまになれる」っていう教《おし》えなんだ。最澄《さいちょう》が開《ひら》いた比叡山《ひえいざん》の延暦寺《えんりゃくじ》は、仏教《ぶっきょう》を学《まな》ぶ中心《ちゅうしん》になっていたんだよ。

空海《くうかい》は、やはり唐《とう》で勉強《べんきょう》したあと、真言宗《しんごんしゅう》を開《ひら》いた。

真言宗《しんごんしゅう》も今《いま》でも残《のこ》っているけど、仏《ほとけ》さまの教《おし》えを呪文《じゅもん》にした真言《しんごん》っていうむずかしいことばをとなえることで修行《しゅぎょう》したんだ。真言宗《しんごんしゅう》は「人《ひと》は生《い》きたまま仏《ほとけ》さまになれる」という教《おし》えなんだ。空海《くうかい》が開《ひら》いたのは、高野山《こうやさん》の金《こん》剛峰寺《ごうぶじ》だよ。

空海《くうかい》は弘法大師《こうぼうだいし》、最澄《さいちょう》は伝教大師《でんきょうだいし》ともよばれた。どちらも、「生《い》きている間《あいだ》にいいことがあるようにしよう」と考《かんが》える教《おし》えだったから、民衆《みんしゅう》だけじゃなく、皇族《こうぞく》や貴族《きぞく》の間《あいだ》にも広《ひろ》まっていったんだ。そこで、古《ふる》くからの仏《ぶっ》教《きょう》を学《まな》んでいた旧仏教《きゅうぶっきょう》の勢力《せいりょく》と対立《たいりつ》することになってしまった。

そのとき最澄《さいちょう》は、旧仏教《きゅうぶっきょう》の攻撃《こうげき》を正面《しょうめん》から受《う》けとめたのに対《たい》して、空海《くうかい》はできるだけ旧《きゅう》仏教《ぶっきょう》とぶつかりあわないように工夫《くふう》したんだ。それで、真言宗《しんごんしゅう》に取《と》りこまれた旧仏教《きゅうぶっきょう》も多《おお》かったんだよ。

東北《とうほく》までが朝廷《ちょうてい》の支配下《しはいか》になる

反乱《はんらん》を起《お》こす蝦夷《えみし》を征伐《せいばつ》

朝廷《ちょうてい》は反乱《はんらん》を起《お》こす東北地方《とうほくちほう》をしたがわせるため、坂上田村《さかのうえのたむら》麻呂《まろ》を将軍《しょうぐん》として送《おく》ったんだ。

日本《にほん》という国《くに》は、はじめから北海道《ほっかいどう》から沖縄《おきなわ》までまとまっていたわけじゃないよ。平安京《へいあんきょう》に都《みやこ》を移《うつ》す前《まえ》までは、今《いま》の東北地方《とうほくちほう》にあたる陸奥《むつ》の国《くに》は、朝廷《ちょうてい》にちゃんとしたがっていなくて、反乱《はんらん》を起《お》こしたりしていたんだ。

ここに住《す》んでいる人《ひと》たちは蝦夷《えみし》ってよばれていた。桓武天皇《かんむてんのう》は、平安京《へいあんきょう》に都《みやこ》を移《うつ》す前後《ぜんご》に3回《かい》、陸奥《むつ》の国《くに》に兵《へい》を送《おく》って、朝廷《ちょうてい》にしたがわせようとしたんだね。

その3回目《かいめ》のときに征夷大将軍《せいいたいしょうぐん》になって、蝦夷《えみし》をしたがわせることに成功《せいこう》したのが坂上《さかのうえの》田村麻呂《たむらまろ》だよ。蝦夷《えみし》をおさえるという意味《いみ》で、征夷大将軍《せいいたいしょうぐん》っていうんだ。

力《ちから》とやさしさで東北地方《とうほくちほう》をしたがわせる

坂上田村麻呂《さかのうえのたむらまろ》の活躍《かつやく》で、東北地方《とうほくちほう》も朝廷《ちょうてい》にしたがうようになった。桓武天皇《かんむてんのう》と坂上田村《さかのうえのたむら》麻呂《まろ》がえらかったのは、力《ちから》だけで蝦夷《えみし》をしたがわせたわけじゃなかったことだよ。

都《みやこ》やその近《ちか》くの土地《とち》と、東北《とうほく》の文化《ぶんか》のちがいを考《かんが》えて、新《あたら》しい文化《ぶんか》に早《はや》くなじめるようにと、やさしく接《せっ》したんだ。

反乱《はんらん》をおさえるゾ

広《ひろ》がる朝廷《ちょうてい》の勢力《せいりょく》

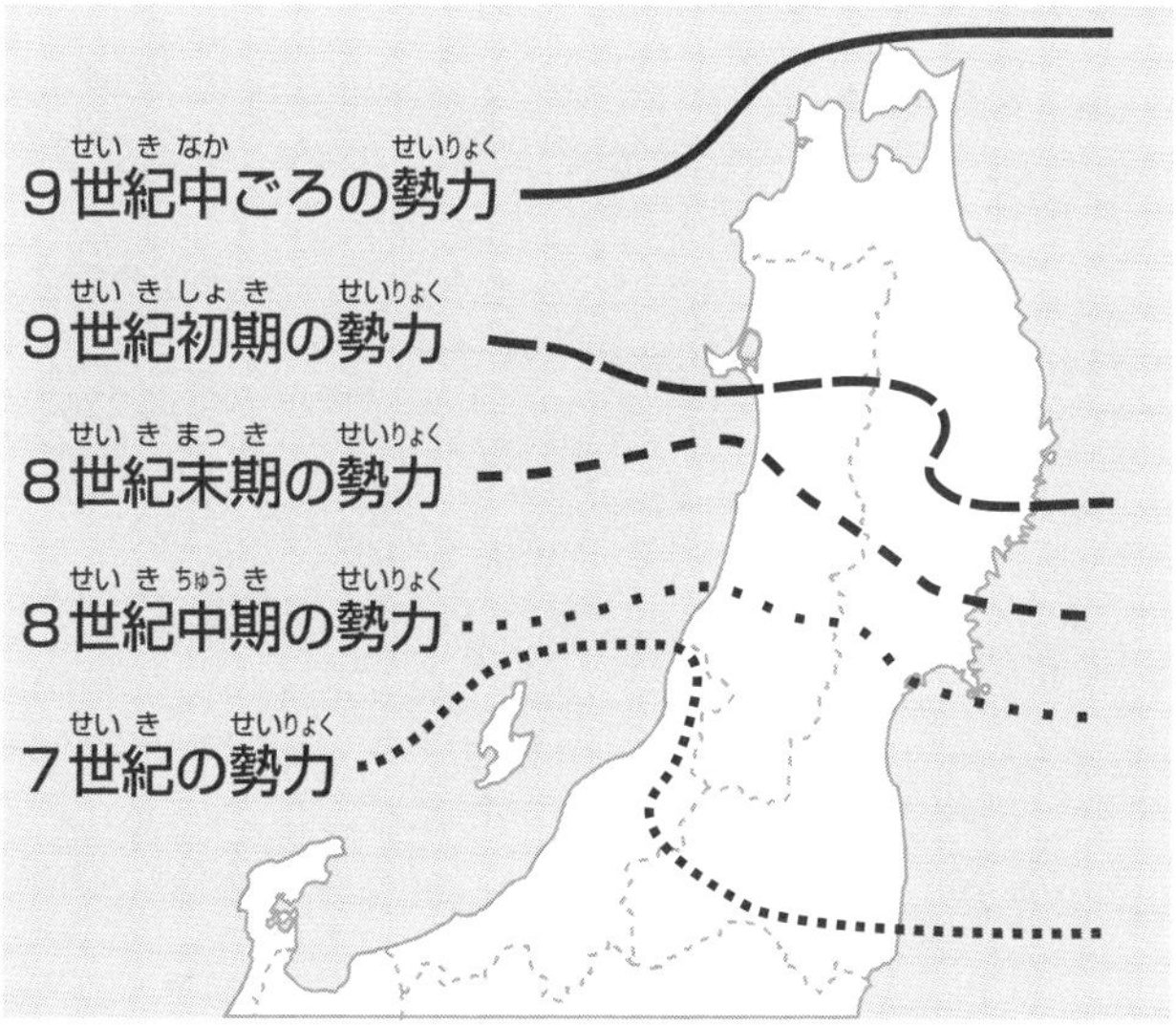

◉勢力《せいりょく》はじょじょに広《ひろ》がった

朝廷《ちょうてい》の勢力《せいりょく》は、上《うえ》の図《ず》のように、ゆっくりゆっくりと北上《ほくじょう》していった。

つかの間の長岡《ながおか》京《きょう》

平城京《へいじょうきょう》と平安京《へいあんきょう》の間《あいだ》の都《みやこ》

長岡京《ながおかきょう》は、桓武天皇《かんむてんのう》が平城京《へいじょうきょう》で悪《わる》いことが続《つづ》いたため移《うつ》した、今《いま》の京都《きょうと》にある都《みやこ》だ。

じつは、平安京《へいあんきょう》に都《みやこ》が移《うつ》る前《まえ》、桓武天皇《かんむてんのう》は長岡京《ながおかきょう》という都《みやこ》もつくっている。でも、この長岡京《ながおかきょう》が都《みやこ》だったのは10年《ねん》という短《みじか》い期間《きかん》だった。

なぜなら、都《みやこ》が長岡京《ながおかきょう》だったころ、世《よ》の中《なか》でよくないことがたくさん起《お》きたからだ。

早良親王《さわらしんのう》のたたり!?

ちょっとこわい話《はなし》だけど、よくないことが続《つづ》いた理由《りゆう》は呪《のろ》いじゃないかと当時《とうじ》はささやかれていた。

長岡京《ながおかきょう》に移《うつ》るとき、その責任者《せきにんしゃ》といえる藤《ふじ》原種継《わらのたねつぐ》が暗殺《あんさつ》された。この事件《じけん》に関《かか》わっていたのではという疑《うたが》いから、早良親王《さわらしんのう》という人《ひと》が淡路島《あわじしま》へ流《なが》されることになったんだ。

でも、早良親王《さわらしんのう》は何《なに》も食《た》べないことで自分《じぶん》は無実《むじつ》だと訴《うった》え、その結果《けっか》、死《し》んでしまった。

その後《ご》、桓武天皇《かんむてんのう》の后《きさき》や母親《ははおや》が死《し》んでしまったり、飢饉《ききん》が起《お》こったり疫病《えきびょう》がはやったり、たいへんなことが続《つづ》いたんだ。それらはすべて早良親王《さわらしんのう》のたたりではないかという噂《うわさ》が広《ひろ》まり、都《みやこ》をまた移《うつ》すことにしたわけだ。

平安時代《へいあんじだい》②

貴族《きぞく》たちのはなやかな時代《じだい》

女性《じょせい》が活躍《かつやく》した平安時代《へいあんじだい》　の巻《まき》

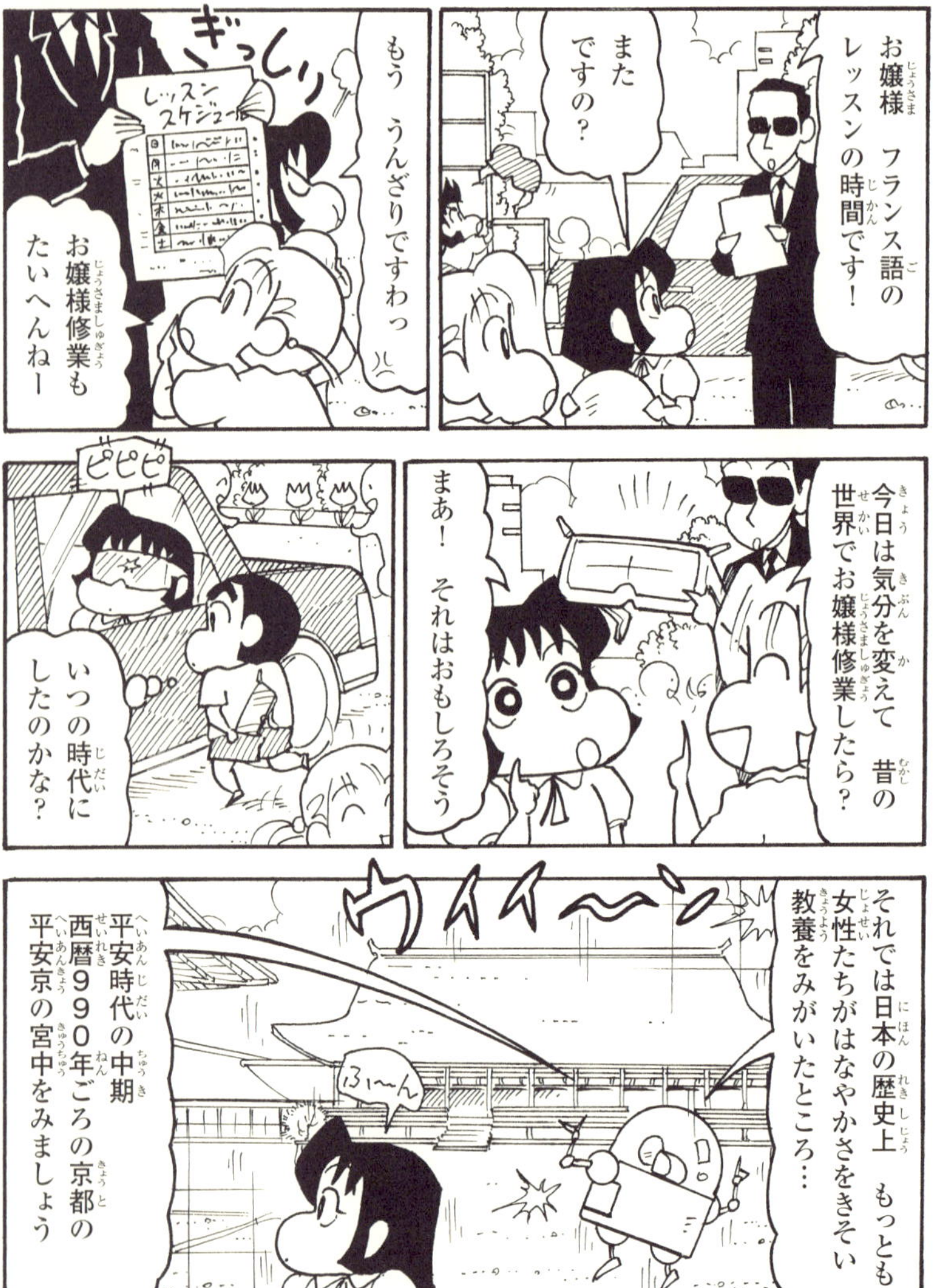

この建物《たてもの》は「清涼殿《せいりょうでん》」といい 一条天皇《いちじょうてんのう》の住《す》んでいるところです あちらは後宮《こうきゅう》といい 天皇《てんのう》の妃《きさき》たちがおおぜい住《す》んでいます
まあ！
妃《きさき》になるのは身分《みぶん》の高《たか》い貴族《きぞく》の娘《むすめ》たちです
ひとりの男性《だんせい》におおぜいの妻《つま》？ 今《いま》の日本《にほん》では非常識《ひじょうしき》ですわ
一条天皇《いちじょうてんのう》とは そんなに魅力的《みりょくてき》な男性《だんせい》ですか？
というより彼女《かのじょ》たちの父親《ちちおや》が天皇《てんのう》との結婚《けっこん》をすすめたのです
天皇《てんのう》と娘《むすめ》が結婚《けっこん》し 男《おとこ》の子《こ》が生《う》まれれば いずれ その子《こ》はつぎの天皇《てんのう》となり「天皇《てんのう》の祖父《そふ》」になれますので
!
♪
父親《ちちおや》がえらくなるために結婚《けっこん》させられたのですね!?
え？
まあ そんな娘《むすめ》さんもいたと思《おも》いますネ
女性《じょせい》にとって不自由《ふじゆう》な時代《じだい》ですのね
ぷん
ぷん
「天皇《てんのう》の妃《きさき》」にも身分《みぶん》の上下《じょうげ》があります

いちばんえらい妃《きさき》は皇后《こうごう》と中宮《ちゅうぐう》で
どちらもナンバーワンの位《くらい》
そのほかの妃《きさき》を女御《にょうご》といいます
てんのう
ちゅうぐう
こうごう
にょうご
あんただれ?
ワシの娘《むすめ》 彰子《しょうし》をナンバーワンにしたいなァ
そうだ すぐれた女房《にょうぼう》をやとおう!
女房《にょうぼう》とはお妃《きさき》さまにおつかえする女性《じょせい》のことです
娘《むすめ》をよろしく!
はい
ずら〜
まあメイドさんがいっぱい…
ただのメイドさんではなく家庭教師《かていきょうし》でもあります
ワィ
ワィ
みなさんたいへん教養《きょうよう》がおありですのね
この女房《にょうぼう》のなかで特《とく》に才能《さいのう》を発揮《はっき》したのが清少納言《せいしょうなごん》や『枕草子《まくらのそうし》』などを書《か》いた…
『源氏物語《げんじものがたり》』などを書《か》いた紫式部《むらさきしきぶ》です
こんにちは
あの有名《ゆうめい》なキャラクター光源氏《ひかるげんじ》をつくった作家《さっか》さん?
まあスゴイ♡

では彰子《しょうし》さま　お着《き》がえを…
私《わたくし》が彰子《しょうし》？
彰子《しょうし》は中宮《ちゅうぐう》の位《くらい》にまでなるお妃《きさき》さまです
シナリオ
それにしても…ずいぶん重《かさ》ね着《ぎ》をされてますのね？
暑《あつ》くるしい…
これは女房《にょうぼう》のふだん着《ぎ》で十二単《じゅうにひとえ》といいます
さまざまな色《いろ》や素材《そざい》のものを工夫《くふう》して着合《きあ》わせることで季節感《きせつかん》を表現《ひょうげん》いたします
これは身分《みぶん》の高《たか》い人《ひと》の前《まえ》での正装《せいそう》です
重《おも》くてかないませんわ
ずっしり
でも　よい香《かお》りが…
クンクン
これで香《こう》をたき衣《ころも》を上《うえ》にかぶせて香《かお》りをつけるのです
ふわ〜〜
なぜこんなコトをするのかというと　この時代《じだい》の人《ひと》は現代《げんだい》のように毎日《まいにち》おフロに入《はい》れないからです
コホン
香《かお》りで体臭《たいしゅう》をごまかしているのですね…？
『源氏物語《げんじものがたり》』ごらんになりますか？
昔《むかし》の本《ほん》は漢字《かんじ》ばかりで読《よ》めませんわ

あら？ でもなんだか ひらがながいっぱい…!?
ちょっと 意外《いがい》
それは女性《じょせい》が使《つか》う 新《あたら》しい字《じ》「かな文字《もじ》」です
日本《にほん》にははじめ 唐《とう》（中国《ちゅうごく》）から輸入《ゆにゅう》した 漢文《かんぶん》しかありませんでした
堅苦《かたくる》しい…
そこから 平安時代《へいあんじだい》の貴族《きぞく》は 「かな文字《もじ》」を つくり出《だ》しました
現代《げんだい》に生《い》きる 大発明《だいはつめい》デス
この文字《もじ》を使《つか》って 多《おお》くの女性作家《じょせいさっか》が 日記《にっき》や物語《ものがたり》 ずい筆《ひつ》の 傑作《けっさく》を書《か》いています
更級日記《さらしなにっき》
蜻蛉日記《かげろうにっき》
枕草子《まくらのそうし》
貴族《きぞく》の女性《じょせい》は自分《じぶん》の気持《きも》ち を自由《じゆう》に表現《ひょうげん》してますのね
『源氏物語《げんじものがたり》』の主人公《しゅじんこう》 光源氏《ひかるげんじ》は 紫式部《むらさきしきぶ》さまの理想《りそう》の 男性像《だんせいぞう》ですの？
それとも モデル がいるとか？
ええ まあ…
ずいぶん プレイボーイ ですこと
あなたのお父様《とうさま》 藤原道長《ふじわらのみちなが》さまの イメージなども 少《すこ》し…
ぬっ
私《わたくし》は この後《あと》 天皇《てんのう》より力《ちから》を 持《も》った貴族《きぞく》に なるんだよ
ポ
和歌《わか》を一首《いっしゅ》

「この世《よ》をば　わが世《よ》とぞ思《おも》う　望月《もちづき》の　かけたることも　なしと思《おも》えば」
ゲ
歌《うた》の意味《いみ》は「世界《せかい》のすべて自分《じぶん》のモノのようでチョー満足《まんぞく》だ！」です
ウィ〜〜ン
では、私《わたくし》の考《かんが》える究極《きゅうきょく》の男性像《だんせいぞう》光源氏《ひかるげんじ》をおみせしましょう
あっそ
オラの名《な》は
光《ひか》る源氏《げんじ》ボタル〜
ぱっ
急《きゅう》に参加《さんか》しないでください
おしりピカピカ
ピカるゲンジボタル〜
ひ ひどい…
ゲンジさまステキ!!
え？
ブーン
ワィーワィ
あの人《ひと》たちは例外《れいがい》です…
未来《みらい》ではカッコよさの基準《きじゅん》がちがうのですね…
べんきょうになります

天皇《てんのう》の親戚《しんせき》になって貴族《きぞく》のトップに立《た》った

藤《ふじ》原《わらの》道《みち》長《なが》

自分《じぶん》の娘《むすめ》たちを天皇《てんのう》の妻《つま》にした藤原道長《ふじわらのみちなが》。天皇《てんのう》の親戚《しんせき》の地位《ちい》を利用《りよう》して栄《さか》えたんだ。

■エピソード①

娘《むすめ》たちを天皇《てんのう》の妻《つま》にして、30年《ねん》も朝廷《ちょうてい》を好《す》きなように動《うご》かした。

■エピソード②

摂政《せっしょう》や関白《かんぱく》など朝廷《ちょうてい》の重要《じゅうよう》な地位《ちい》は、一族《いちぞく》でひとりじめにした。

■エピソード③

このころ日本独自《にほんどくじ》の国風文化《こくふうぶんか》が生《う》まれるが、別名《べつめい》、藤原文化《ふじわらぶんか》ともよばれる。

天皇家《てんのうけ》とつながり、強《つよ》くなった藤原氏《ふじわらし》

平安京《へいあんきょう》をつくった桓武天皇《かんむてんのう》は、律令政治《りつりょうせいじ》を見直《みなお》して、天皇中心《てんのうちゅうしん》に政治《せいじ》がおこなえるようにした。

ただ、平安時代《へいあんじだい》の４００年間《ねんかん》ずっとそうだったわけではないんだ。

そこで登場《とうじょう》するのが藤原氏《ふじわらし》だ。大化《たいか》の改新《かいしん》で活躍《かつやく》した中臣鎌足《なかとみのかまたり》は、天皇《てんのう》から藤原《ふじわら》という姓《せい》（名字《みょうじ》）をもらって藤原鎌足《ふじわらのかまたり》って名前《なまえ》になっていた。その一族《いちぞく》が藤原氏《ふじわらし》だよ。

平安京《へいあんきょう》に都《みやこ》を移《うつ》すよりもっと前《まえ》、平城京《へいじょうきょう》に都《みやこ》を移《うつ》す前《まえ》から藤原氏《ふじわらし》の人《ひと》たちは力《ちから》を持《も》っていたけど、そのあともやっぱり、力《ちから》はおとろえなかったんだね。藤原氏《ふじわらし》の人《ひと》たちは、自分《じぶん》の娘《むすめ》を天皇《てんのう》の后《きさき》、つまりお嫁《よめ》さんにすることで、天皇家《てんのうけ》と親戚《しんせき》になっていたんだ。そうやって、天皇家《てんのうけ》とのつながりを強《つよ》くしていったんだね。

まだ幼《おさな》い子《こ》や天皇《てんのう》が病気《びょうき》のとき、天皇《てんのう》のかわりに政治《せいじ》をおこなう人《ひと》を摂政《せっしょう》といって、天《てん》皇《のう》が大人《おとな》になってから、天皇《てんのう》を助《たす》けながら政《せい》治《じ》をおこなう人《ひと》を関白《かんぱく》というんだ。

藤原氏《ふじわらし》の人《ひと》たちは、この摂政《せっしょう》や関白《かんぱく》という位《くらい》についていた。そうやって、朝廷《ちょうてい》のなかで力《ちから》をにぎっていくやり方《かた》を摂関政治《せっかんせいじ》っていうんだ。

平安時代《へいあんじだい》に入《はい》って、しばらくたつと、摂関《せっかん》政治《せいじ》の時代《じだい》、つまり藤原氏《ふじわらし》の時代《じだい》になっていったんだね。

道長《みちなが》・頼通親子《よりみちおやこ》、大事《だいじ》な仕事《しごと》はひとりじめ

藤原氏《ふじわらし》がいちばん力《ちから》を持《も》ったのが、藤原道長《ふじわらのみちなが》と、その子《こ》どもの藤原頼通《ふじわらのよりみち》のころなんだ。これが、平安京《へいあんきょう》に都《みやこ》を移《うつ》してから、だいたい200年《ねん》くらいたったあとのこと。つまり平安時代《へいあんじだい》のちょうど真《ま》ん中《なか》あたりだね。

この親子《おやこ》が力《ちから》を持《も》っていたころは、重要《じゅうよう》な位《くらい》や仕事《しごと》は藤原氏《ふじわらし》がひとりじめするくらいになっていたんだ。

そうやって一族《いちぞく》で政治《せいじ》を支配《しはい》するのはあまりいいことじゃないけど、藤原氏《ふじわらし》の時代《じだい》には、文化《ぶんか》がすごく発達《はったつ》していった。

貴族《きぞく》や仏教《ぶっきょう》を中心《ちゅうしん》とした文化《ぶんか》だったけど、このころには、どんどん日本《にほん》らしい文化《ぶんか》ができてきたから、国風文化《こくふうぶんか》ってよばれているんだ。それまでは、唐《とう》の文化《ぶんか》を見習《みなら》うことに力《ちから》を入《い》れていたけど、唐《とう》の文化《ぶんか》のいいところは、ずいぶん取《と》り入《い》れることができた。だから、日本《にほん》ならではの新《あたら》しいものがつくられるようになったわけだね。

それがいちばんすすんだのが、ちょうど藤《ふじ》原氏《わらし》が力《ちから》を持《も》っていたころと重《かさ》なるから、国《こく》風文化《ふうぶんか》は藤原文化《ふじわらぶんか》ともよばれているんだ。

この世《よ》のすべてが思《おも》いのとおり 朝廷《ちょうてい》を好《す》きにできた藤原道長《ふじわらのみちなが》

摂関政治《せっかんせいじ》をきわめた藤原道長《ふじわらのみちなが》は、なんでも自分《じぶん》の好《す》きなようにできたんだ。

自分《じぶん》の娘《むすめ》を天皇《てんのう》の后《きさき》にして、その后《きさき》が産《う》んだ子《こ》どもが天皇《てんのう》になる。すると、その人《ひと》は天皇《てんのう》のおじいちゃんになるよね。そうやって天皇家《てんのうけ》との結《むす》びつきを強《つよ》めて、摂関政治《せっかんせいじ》をすすめたのが藤原氏《ふじわらし》なんだ。

藤原氏《ふじわらし》のなかでいちばん力《ちから》を持《も》っていた藤原道長《ふじわらのみちなが》は、こんな和歌《わか》をよんでいる。「この世《よ》をば　わが世《よ》とぞ思《おも》う　望月《もちづき》の　かけたることも　なしと思《おも》えば」。わかりやすいことばでいうと、「この世《よ》は私《わたくし》のためにあるようなものだ。満月《まんげつ》が欠《か》けないように、自分《じぶん》の思《おも》うようにならないことなど何《なに》もない」って意味《いみ》になるんだ。それくらい力《ちから》があった藤原道長《ふじわらのみちなが》は、30年《ねん》も朝廷《ちょうてい》を自分《じぶん》の好《す》きなようにできていたんだよ。

天皇《てんのう》のおじいちゃんになれず力《ちから》を失《うしな》う

道長《みちなが》の子《こ》、藤原頼通《ふじわらのよりみち》も娘《むすめ》を天皇《てんのう》の后《きさき》にしたけど、男《おとこ》の子《こ》を産《う》めなかった。だから、頼通《よりみち》と親戚関係《しんせきかんけい》のない新《あたら》しい天皇《てんのう》は、藤原氏《ふじわらし》に力《ちから》を持《も》たせないようにしたんだ。それで、その後《ご》の藤原氏《ふじわらし》は力《ちから》を失《うしな》っていったんだ。

とってもごうかな寝殿造《しんでんづくり》

広《ひろ》い家《いえ》と広《ひろ》い庭《にわ》、船《ふね》をうかべる大《おお》きな池《いけ》

この時代《じだい》の貴族《きぞく》の生活《せいかつ》はとてもぜいたくだったんだ。寝殿《しんでん》造《づくり》のお屋敷《やしき》もそのひとつだ。

藤原氏《ふじわらし》が力《ちから》を持《も》っていた時代《じだい》には、貴族《きぞく》たちの暮《く》らしも、どんどんはなやかになっていったんだ。このころに、都《みやこ》らしい暮《く》らしぶりがつくられていったんだね。

奈良時代《ならじだい》から平安時代《へいあんじだい》にかけて、農民《のうみん》たちの家《いえ》は、竪穴式《たてあなしき》の住居《じゅうきょ》から、床《ゆか》に穴《あな》をほらない平地式《へいちしき》の住居《じゅうきょ》へと変《か》わっていったばかりだった。かべは土《つち》でできていて、屋根《やね》はわらぶきだったりしたんだよ。だけど、貴族《きぞく》の暮《く》らしは、それよりもずっとぜいたくだった。

このころから貴族《きぞく》たちは、寝殿造《しんでんづくり》とよばれる屋敷《やしき》に住《す》むようになったんだ。寝殿造《しんでんづくり》は、中央《ちゅうおう》に主人《しゅじん》が住《す》む寝殿《しんでん》があって、その左右《さゆう》には対屋《たいのや》っていう建物《たてもの》が張《は》り出《だ》していた。そこに妻《つま》を住《す》まわせていたんだよ。

魚《さかな》つりのための建物《たてもの》もあった！

それだけじゃなく、寝殿《しんでん》の前《まえ》には広《ひろ》い庭《にわ》があって、船遊《ふなあそ》びができるくらい大《おお》きな池《いけ》まであったんだ。魚《さかな》つりができるように、釣殿《つりどの》ってよばれる建物《たてもの》がつくられていたんだから、すごいよね。

土地《とち》がどんどん手《て》に入《はい》る

貴《き》族《ぞく》に有《ゆう》利《り》な荘《しょう》園《えん》制《せい》度《ど》

土地《とち》を自分《じぶん》のものにしてよくなったこの時代《じだい》。貴族《きぞく》たちは国《くに》じゅうの土地《とち》を集《あつ》めだしたんだ。

貴族《きぞく》の暮《く》らしがゆたかになったのは、荘園《しょうえん》制度《せいど》があったからなんだ。平安時代《へいあんじだい》になると、それまでは国《くに》のものだった土地《とち》を「ずっと自《じ》分《ぶん》のものにしていい」（墾田永年私財法《こんでんえいねんしざいほう》）ことになった。これを利用《りよう》して、貴族《きぞく》や寺院《じいん》は、どんどん自分《じぶん》の土地《とち》をふやしていった。その土地《とち》が、荘園《しょうえん》ってよばれているんだ。

その後《ご》、国司《こくし》は朝廷《ちょうてい》から地方支配《ちほうしはい》をまかされて強《つよ》くなった。それで地方《ちほう》の豪族《ごうぞく》たちは、国司《こくし》よりも身分《みぶん》の高《たか》い人《ひと》に土地《とち》の持《も》ち主《ぬし》になってもらい、自分《じぶん》の土地《とち》を国司《こくし》から守《まも》るようになったんだ。土地《とち》は貴族《きぞく》のものになったけれど、豪族《ごうぞく》たちはその土地《とち》の管理人《かんりにん》として利《り》益《えき》を得《え》られるから問題《もんだい》はなかった。それに貴《き》族《ぞく》の土地《とち》になると、税《ぜい》をおさめなくていい権《けん》利《り》（不輸《ふゆ》の権《けん》）や、役人《やくにん》の立《た》ち入《い》りをことわる権利《けんり》（不入《ふにゅう》の権《けん》）まで得《え》ることができたんだ。

日本全国《にほんぜんこく》に広《ひろ》がる道長《みちなが》の荘園《しょうえん》

それで、有力《ゆうりょく》な貴族《きぞく》の荘園《しょうえん》はさらに広《ひろ》がっていったんだね。藤原道長《ふじわらのみちなが》は関東地方《かんとうちほう》から九《きゅう》州《しゅう》まで、日本《にほん》じゅうに荘園《しょうえん》を持《も》っていたんだ。

貴族《きぞく》の生活《せいかつ》がわかる世界最古《せかいさいこ》の長編小説《ちょうへんしょうせつ》

『源氏物語《げんじものがたり》』と紫式部《むらさきしきぶ》

紫式部《むらさきしきぶ》が書《か》いた『源氏物語《げんじものがたり》』は小説《しょうせつ》だけど、当時《とうじ》の貴族《きぞく》の暮《く》らしぶりがよくわかるよ。

藤原氏《ふじわらし》がもっとも力《ちから》を持《も》っていたころの貴族《きぞく》の暮《く》らしぶりは、紫式部《むらさきしきぶ》が書《か》いた『源氏物語《げんじものがたり》』を読《よ》めば、よくわかるよ。紫式部《むらさきしきぶ》は、藤原《ふじわらの》道長《みちなが》の娘《むすめ》のそばにつかえていた女《おんな》の人《ひと》なんだ。『源氏物語《げんじものがたり》』は、実際《じっさい》にあった話《はなし》じゃなくて小説《しょうせつ》だけど、平安時代《へいあんじだい》の中《なか》ごろに、天皇《てんのう》の皇子《おうじ》として生《う》まれた光源氏《ひかるげんじ》が、いろんな恋《こい》をしていくようすがていねいにえがかれている。

だから、このころの宮廷《きゅうてい》がどんな感《かん》じで、貴族《きぞく》の生活《せいかつ》や文化《ぶんか》がどうだったかが、だいたいわかるんだ。

マンガや映画《えいが》でもおなじみ

『源氏物語《げんじものがたり》』は、世界《せかい》に残《のこ》されている長編小説《ちょうへんしょうせつ》のなかでも、いちばん古《ふる》いんじゃないかっていわれるくらい昔《むかし》に書《か》かれたものだ。それだけでなく、日本《にほん》の文学《ぶんがく》のなかでも、すぐれた作品《さくひん》のひとつだっていわれているんだ。

今《いま》でもマンガになったり映画《えいが》になったりしているように、時代《じだい》が変《か》わってから読《よ》んだって、おもしろいんだよ。それくらい、物語《ものがたり》としてよくできているってことだね。

とっても頭《あたま》のよい学者《がくしゃ》だった

遣唐使《けんとうし》をやめさせた菅原道真《すがわらのみちざね》

藤原氏《ふじわらし》の力《ちから》が大《おお》きくなることをおそれた天皇家《てんのうけ》は、道真《みちざね》を高《たか》い位《くらい》につけたんだ。

藤原氏《ふじわらし》が力《ちから》を持《も》っていたころ、かつやくした学者《がくしゃ》もいるんだ。それが菅原道真《すがわらのみちざね》だよ。

小《ちい》さいころから頭《あたま》がよかった道真《みちざね》は、33才《さい》のときには漢詩《かんし》がじょうずな文章博士《もんじょうはかせ》になっているんだ。天皇家《てんのうけ》では、そんな道真《みちざね》を高《たか》い位《くらい》につけることで、藤原氏《ふじわらし》の力《ちから》をおさえようとしたんだね。道真《みちざね》は、遣唐大使《けんとうたいし》にも任《にん》じられたけど、唐《とう》の国《くに》の力《ちから》が落《お》ちてきていたこともあって、遣唐使《けんとうし》の派遣《はけん》をやめさせた。そして、その後《ご》も右大臣《うだいじん》まで出世《しゅっせ》したんだ。それをおもしろく思《おも》わなかった藤原氏《ふじわらし》は、道真《みちざね》を九州《きゅうしゅう》の大宰府《だざいふ》に追《お》いやった。そして道真《みちざね》は、大宰府《だざいふ》で死《し》んでしまったんだ。

学問《がくもん》の神様《かみさま》となった道真《みちざね》

道真《みちざね》の死後《しご》、醍醐天皇《だいごてんのう》の皇子《おうじ》が病死《びょうし》したり、宮殿《きゅうでん》に雷《かみなり》が落《お》ちたりすると、道真《みちざね》のたたりだっていわれたんだ。それで、京都《きょうと》に北野天《きたのてん》満宮《まんぐう》を建《た》てて、怒《いか》りをしずめようとしたんだね。天満宮《てんまんぐう》は、京都《きょうと》だけでなく全国《ぜんこく》に建《た》てられた。道真《みちざね》は今《いま》でも、学問《がくもん》の神様《かみさま》・天神様《てんじんさま》として、うやまわれているんだよ。

動《うご》きにくさはゆたかなしるし

ごうかできれいな貴《き》族《ぞく》の衣《い》装《しょう》

貴《き》族《ぞく》の服《ふく》はとってもごうかだよ。とくに女性《じょせい》の十二単《じゅうにひとえ》は色《いろ》のちがう服《ふく》を何枚《なんまい》も着《き》るんだ。

貴《き》族《ぞく》の生活《せいかつ》で、とくに注目《ちゅうもく》したいのが服装《ふくそう》だね。唐《とう》の服装《ふくそう》をもとにしているんだけど、日本《にほん》ならではの工夫《くふう》をこらして、とても美《うつく》しい服《ふく》がつくられていったんだ。

儀式《ぎしき》に出《で》るときなどに着《き》る、ちゃんとした服装《ふくそう》のことを正装《せいそう》という。そして、貴《き》族《ぞく》の男《だん》性《せい》の正装《せいそう》は、束帯《そくたい》っていうんだ。

束帯《そくたい》は、たっぷりしたズボンのような袴《はかま》をはいて、そでが大《おお》きく開《ひら》いた袍《ほう》という服《ふく》を上《うえ》から着《き》るんだ。頭《あたま》には冠《かんむり》をかぶって、裾《きょ》っていう布《ぬの》をずるずる引《ひ》きずりながら歩《ある》くんだ。

きれいだけど重《おも》たい十二単《じゅうにひとえ》

貴《き》族《ぞく》の女性《じょせい》の正装《せいそう》は、十二単《じゅうにひとえ》ってよばれる女房装束《にょうぼうしょうぞく》だよ。十二単《じゅうにひとえ》っていう名前《なまえ》からもわかるように、同《おな》じ形《かたち》だけど、ちがう色《いろ》の服《ふく》を何枚《なんまい》も重《かさ》ねて着《き》るんだ。寒《さむ》いからじゃなくて、そうやって美《うつく》しく見《み》せていたんだよ。

本当《ほんとう》にきれいな着物《きもの》だけど、とってもぜいたくだし、動《うご》きにくいから、こういう服装《ふくそう》をしていたってことだけでも、貴《き》族《ぞく》の生活《せいかつ》がどれくらいゆたかだったかがわかるよね。

工夫《くふう》をこらした美《うつく》しい服《ふく》

これが貴族《きぞく》の服装《ふくそう》だ！

◉十二単《じゅうにひとえ》の重《おも》さ

十二単《じゅうにひとえ》は、全部《ぜんぶ》を着《き》ると10キログラム以上《いじょう》になるんだ。

毎月《まいつき》必《かなら》ずお祭《まつ》りがあるぞ

行事《ぎょうじ》も大切《たいせつ》な貴族《きぞく》の仕事《しごと》

貴族《きぞく》の毎日《まいにち》の仕事《しごと》は午前中《ごぜんちゅう》に終《お》わるんだ。そのあとは和歌《わか》をよんだりしているんだよ。

貴族《きぞく》の生活《せいかつ》は、午前《ごぜん》3時《じ》ごろに起《お》きることからはじまる。ものすごく早《はや》いだろ。それで、朝《あさ》の7時《じ》から朝廷《ちょうてい》で仕事《しごと》をするんだけど、ほとんどの日《ひ》は、昼前《ひるまえ》に仕事《しごと》が終《お》わるんだ。

そのほかに、1年間《ねんかん》のうちにはきまった行《ぎょう》事《じ》があって、それを年中行事《ねんちゅうぎょうじ》っていうんだ。

1月《がつ》は、年賀《ねんが》のあいさつ。2月《がつ》は、神社《じんじゃ》での祈年祭《きねんさい》。3月《がつ》は、曲水《きょくすい》の宴《えん》。4月《がつ》は、衣《ころも》がえ。5月《がつ》は、端午《たんご》の節句《せっく》。6月《がつ》は、大《おお》はらえ。7月《がつ》は、七夕祭《たなばたまつ》り。8月《がつ》は、名月《めいげつ》をながめる会《かい》。9月《がつ》は、菊《きく》の花《はな》を観賞《かんしょう》する会《かい》。10月《がつ》は、衣《ころも》がえ。11月《がつ》は、神社《じんじゃ》での秋祭《あきまつ》り。12月《がつ》は、大《おお》はらえ。こんな行事《ぎょうじ》があったよ。

大化《たいか》の改新《かいしん》のころからあった七夕祭《たなばたまつ》り

七夕《たなばた》は、大化《たいか》の改新《かいしん》のころから、宴《うたげ》がもよおされていたけど、平安時代《へいあんじだい》になると、年中《ねんちゅう》行事《ぎょうじ》になっている。七夕《たなばた》のお話《はなし》は、中国《ちゅうごく》と日《に》本《ほん》のお話《はなし》をまぜてつくられたんだっていわれているよ。大《おお》はらえっていうのは、1年《ねん》に2回《かい》、心《こころ》や体《からだ》にたまった悪《わる》いものをはらう厄落《やくお》としのことなんだ。

漢字《かんじ》だけだとやっぱり不便《ふべん》

漢字《かんじ》から生《う》まれたひらがな

中国《ちゅうごく》からきた漢字《かんじ》だけだと使《つか》いにくいから、日本人《にほんじん》はひらがなを発明《はつめい》したんだね。

今《いま》、みんなが使《つか》っているひらがなやカタカナは、はじめから日本《にほん》にあったわけじゃないんだ。そもそも日本《にほん》には、それまで文字《もじ》はなかったんだよ。

中国《ちゅうごく》から漢字《かんじ》が伝《つた》わってきてはじめて、日《に》本語《ほんご》を文字《もじ》にして書《か》けるようになったんだ。でも、日本語《にほんご》と中国語《ちゅうごくご》ではことばもちがうから、日本語《にほんご》をどうやって漢字《かんじ》であらわすかで苦労《くろう》したんだよ。

ひらがなやカタカナがなかったときは、全《ぜん》部《ぶ》の字《じ》を漢字《かんじ》で書《か》いていたんだ。

日本《にほん》だけの文字《もじ》、ひらがな

平安時代《へいあんじだい》になって、やっとひらがなができたんだ。これは、日本人《にほんじん》がつくった、日本《にほん》だけの文字《もじ》だよ。たとえば、「い」というひらがなは、「い」って読《よ》む漢字《かんじ》の「以《い》」をかんたんにしてつくったんだね。それでも平安時《へいあんじ》代《だい》は、ひらがなを使《つか》うのは女《おんな》の人《ひと》が多《おお》くて、男《おとこ》の人《ひと》はおもに漢字《かんじ》を使《つか》っていたんだ。

だけど、ひらがなができたから、『源氏物《げんじもの》語《がたり》』や『枕草子《まくらのそうし》』が書《か》かれたんだね。

鳳凰《ほうおう》が羽《はね》を広《ひろ》げた姿《すがた》をした

地上《ちじょう》の極楽《ごくらく》　平等院鳳凰堂《びょうどういんほうおうどう》

藤原道長《ふじわらのみちなが》の子《こ》、頼通《よりみち》がつくった平等院《びょうどういん》は、浄土教《じょうどきょう》が教《おし》える極楽《ごくらく》のように美《うつく》しいお寺《てら》だ。

平安時代《へいあんじだい》のはじめに広《ひろ》まった最澄《さいちょう》の天台宗《てんだいしゅう》と空海《くうかい》の真言宗《しんごんしゅう》は、どちらも「生《い》きている間《あいだ》にいいことがあるようにしよう」という教《おし》えだったんだ。だけど、それからしばらくすると「死《し》んだあとに極楽浄土《ごくらくじょうど》に行《い》くこと」を願《ねが》う浄土教《じょうどきょう》が出《で》てきた。

とくに、空也《くうや》という僧《そう》が「南無阿弥陀仏《なむあみだぶつ》」をとなえながら歩《ある》きまわったことで、浄土教《じょうどきょう》は貴族《きぞく》にも庶民《しょみん》にも広《ひろ》がっていったんだ。

藤原道長《ふじわらのみちなが》の子《こ》の頼通《よりみち》は、道長《みちなが》の別荘《べっそう》だった建物《たてもの》を寺《てら》にしたんだけど、それが京都《きょうと》の宇治《うじ》市《し》にある平等院《びょうどういん》だよ。

おおとりが羽《はね》を広《ひろ》げたような形《かたち》

この平等院《びょうどういん》で、極楽浄土《ごくらくじょうど》がどんなところなのか、そのまま示《しめ》してみようとして、つくったのが鳳凰堂《ほうおうどう》なんだ。今《いま》では、色《いろ》も変《か》わってきちゃったけど、できたばかりのころは、ものすごく、いろんな色《いろ》が使《つか》われていて、「これこそが極楽《ごくらく》だ」っていう建物《たてもの》だった。鳳凰《ほうおう》は「おおとり（＊）」のことで、そのおおとりが羽《はね》を広《ひろ》げているようにつくられたんだよ。

＊おおとり：『日本書紀《にほんしょき》』のなかで立派《りっぱ》な人《ひと》、理想的《りそうてき》な社会《しゃかい》が出現《しゅつげん》するときにあらわれる鳥《とり》と記《しる》されている。

別荘《べっそう》をお寺《てら》に改造《かいぞう》！
10円玉《えんだま》の表《おもて》でもおなじみの鳳凰堂《ほうおうどう》

◉世界遺産《せかいいさん》

道長《みちなが》の別荘《べっそう》を息子《むすこ》の藤原頼通《ふじわらのよりみち》がお寺《てら》にして、平等院《びょうどういん》と名《な》づけた。世界遺産《せかいいさん》でもある。

◉10円硬貨《えんこうか》

10円硬貨《えんこうか》の表《おもて》には、平等院鳳凰堂《びょうどういんほうおうどう》がえがかれている。建物《たてもの》に特徴《とくちょう》があるから選《えら》ばれたんだ。

自分《じぶん》の土地《とち》は自分《じぶん》で守《まも》る

力《ちから》を持《も》った武士《ぶし》の誕生《たんじょう》

自分《じぶん》たちの土地《とち》を守《まも》るために、武器《ぶき》を持《も》って戦《たたか》う豪族《ごうぞく》が武士《ぶし》のはじまりだったんだ。

地方《ちほう》の豪族《ごうぞく》が、自分《じぶん》の土地《とち》や力《ちから》を守《まも》るために、武器《ぶき》を持《も》って馬《うま》に乗《の》り、戦《たたか》うようになったのが武士《ぶし》のはじまりなんだ。

そのうち、中央《ちゅうおう》の皇族《こうぞく》や貴族《きぞく》のなかからも、地方《ちほう》に移《うつ》って、武士《ぶし》の棟梁《とうりょう》になる人《ひと》が出《で》てきて、武士団《ぶしだん》の力《ちから》は大《おお》きくなっていった。

そのなかでも、とくに有力《ゆうりょく》な勢力《せいりょく》に育《そだ》ったのが源氏《げんじ》と平氏《へいし》だよ。源氏《げんじ》は、清和天皇《せいわてんのう》の皇子《おうじ》の血《ち》を引《ひ》く一族《いちぞく》で、河内《かわち》（今《いま》の大阪府南東部《おおさかふなんとうぶ》）で力《ちから》をつけてから、そのあと、東国《とうごく》（関東地方《かんとうちほう》）へと進出《しんしゅつ》していったんだ。

平氏《へいし》はじつは関東《かんとう》の出身《しゅっしん》!?

平氏《へいし》は、桓武天皇《かんむてんのう》から出《で》た一族《いちぞく》や、文徳天皇《もんとくてんのう》から出《で》た一族《いちぞく》というふうに、こまかく分《わ》けられる。でも、平氏《へいし》はみんな源氏《げんじ》が進出《しんしゅつ》するまでは東国《とうごく》で力《ちから》をつけていたんだ。

平氏《へいし》っていうと京《きょう》の都《みやこ》を思《おも》いうかべる人《ひと》が多《おお》いんだけど、もともとは「関西《かんさい》の源氏《げんじ》、関東《かんとう》の平氏《へいし》」って形《かたち》で、それぞれに力《ちから》をつけていったんだよ。

いさましく戦《たたか》うゾ

武士《ぶし》の代表《だいひょう》、源氏《げんじ》と平氏《へいし》

◉武士《ぶし》の二大勢力《にだいせいりょく》

平氏《へいし》と源氏《げんじ》の二大勢力《にだいせいりょく》が、じょじょに力《ちから》をつけ、大《おお》きな武士団《ぶしだん》をつくっていったんだ。

関東《かんとう》で新《あたら》しい天皇《てんのう》になる！

新皇《しんのう》をめざす平《たいらの》将門《まさかど》の乱《らん》

力《ちから》をつけてきた武士《ぶし》たちは、平《たいらの》将門《まさかど》のように朝廷《ちょうてい》に反乱《はんらん》を起《お》こすようになっていったんだ。

平《たいらの》将門《まさかど》は、東国《とうごく》の下総《しもうさ》（今《いま》の茨城県《いばらきけん》）に広《ひろ》い土地《とち》を持《も》つ実力者《じつりょくしゃ》の子《こ》どもとして生《う》まれた。とにかく強《つよ》い人《ひと》だったんだよ。戦《たたか》いに勝《か》ち続《つづ》け、やがて関東地方一帯《かんとうちほういったい》を支配《しはい》するまでになったんだ。

そこで平《たいらの》将門《まさかど》は、自分《じぶん》が新《あたら》しい王《おう》（新皇《しんのう》）だって名《な》のったんだけど、そうなれば、天皇《てんのう》がいる朝廷《ちょうてい》としては、だまっていられない。

平《たいらの》将門《まさかど》が反乱《はんらん》を起《お》こしたとして、「将門《まさかど》をたおせ」って命令《めいれい》を出《だ》したんだ。平《たいらの》将門《まさかど》もがんばったんだけど、戦《たたか》いのなかで矢《や》が命中《めいちゅう》して死《し》んでしまい、争《あらそ》いは終《お》わったんだ。

日本各地《にほんかくち》で武士《ぶし》が反乱《はんらん》

このころには、瀬戸内海《せとないかい》のほうでも反乱《はんらん》があったんだ。それで朝廷《ちょうてい》は、武士《ぶし》の力《ちから》がどれほどすごいかを知《し》って、自分《じぶん》たちも、戦《たたか》う力《ちから》をつけないといけないって考《かんが》えるきっかけになったんだね。

この平《たいらの》将門《まさかど》の乱《らん》のあとにも、平氏一族《へいしいちぞく》のなかで反乱《はんらん》があって、それをおさめた源氏《げんじ》が、東国《とうごく》に進出《しんしゅつ》するようになったんだ。

東北地方《とうほくちほう》で仏《ほとけ》の地《ち》をつくる

独自《どくじ》の文化《ぶんか》を育《そだ》てた奥州藤原氏《おうしゅうふじわらし》

東北地方《とうほくちほう》で力《ちから》をつけた奥州藤《おうしゅうふじ》原氏《わらし》は、都《みやこ》のお寺《てら》に負《ま》けない黄金《おうごん》のお寺《てら》を建《た》てたんだ。

このころ、奥州《おうしゅう》（今《いま》の東北地方《とうほくちほう》）では二度《にど》にわたる大《おお》きな争《あらそ》いがあったんだ。この戦《たたか》いに勝《か》って、奥州地方《おうしゅうちほう》を支配《しはい》したのが藤原清衡《ふじわらのきよひら》なんだ。

清衡《きよひら》から、その子《こ》どもと孫《まご》の基衡《もとひら》、秀衡《ひでひら》までの3代《だい》は、約《やく》100年間《ねんかん》も奥州《おうしゅう》で大《おお》きな力《ちから》を持《も》っていた。金《きん》もとれるこの地方《ちほう》はゆたかだったから、京《きょう》の都《みやこ》にも、金《きん》やほかの産物《さんぶつ》を送《おく》って、つながりを持《も》っていたんだよ。それに、京《きょう》の文化《ぶんか》もちゃんと取《と》り入《い》れて、この地《ち》方《ほう》ならではの文化《ぶんか》を育《そだ》てていったんだ。

黄金《おうごん》のお寺《てら》、金色堂《こんじきどう》

朝廷《ちょうてい》から陸奥《むつ》の役人《やくにん》に任命《にんめい》された藤原清衡《ふじわらのきよひら》は、平泉《ひらいずみ》（岩手県《いわてけん》）に移《うつ》って、この地《ち》には、中尊寺《ちゅうそんじ》というりっぱなお寺《てら》もつくった。中尊《ちゅうそん》寺《じ》には金色堂《こんじきどう》がある。このお堂《どう》は、中《なか》にも外《そと》にも金箔《きんぱく》がはられているんだ。宇治《うじ》の平等院《びょうどういん》と同《おな》じように、極楽浄土《ごくらくじょうど》のことを思《おも》いながら、つくったんだね。

藤原清衡《ふじわらのきよひら》は、この地方全体《ちほうぜんたい》を「仏《ほとけ》さまの地《ち》」にしたいって願《ねが》っていたそうだよ。

東北《とうほく》に楽園《らくえん》をつくる！

奥州《おうしゅう》藤原《ふじわら》氏《し》のパワー

◉奥州藤原氏《おうしゅうふじわらし》のお寺《てら》、金色堂《こんじきどう》

中《なか》も外《そと》も金箔《きんぱく》がはられている金《こん》色堂《じきどう》は、覆堂《おおいどう》という建物《たてもの》におさまっている。

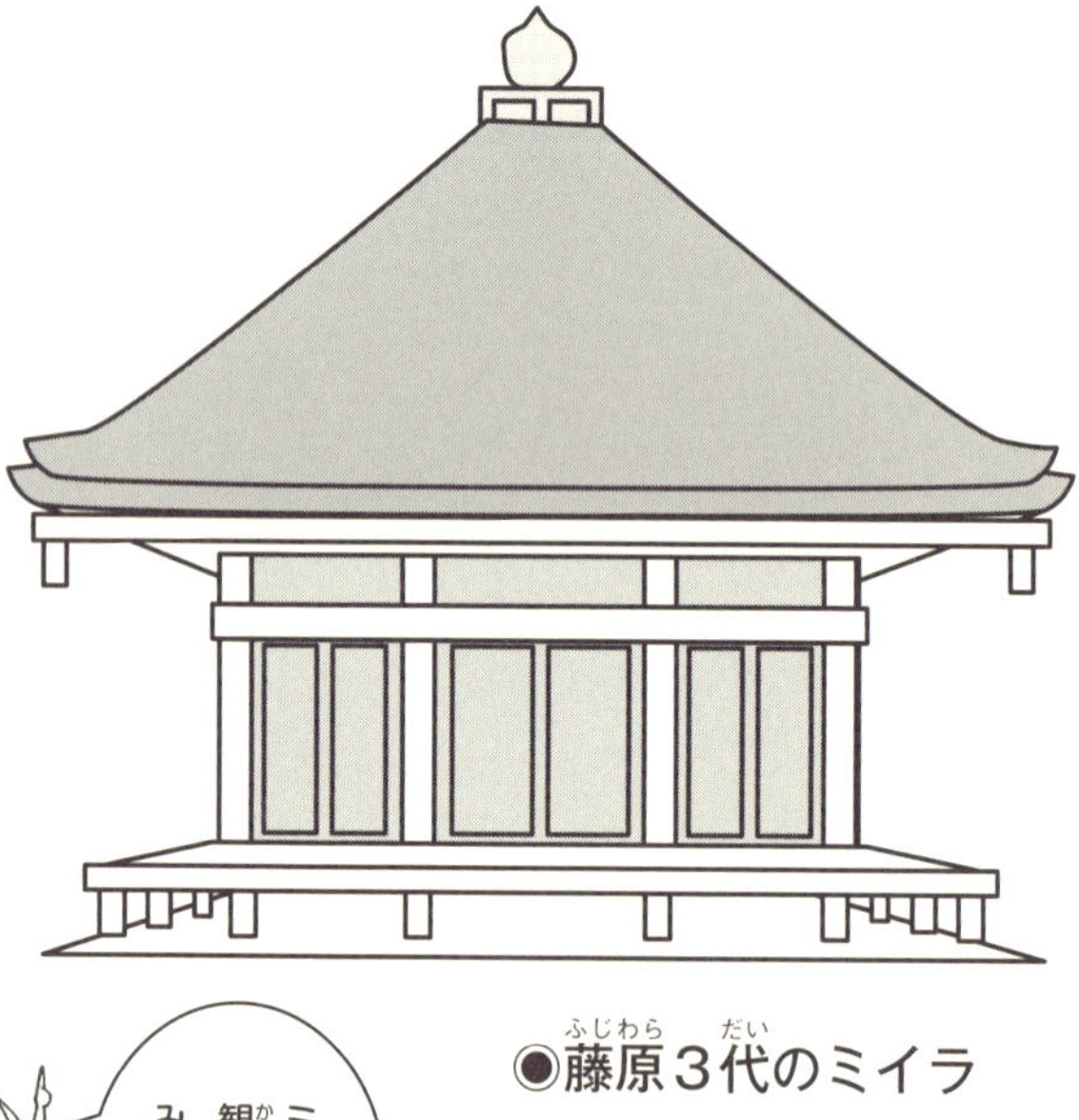

◉藤原《ふじわら》３代《だい》のミイラ

中尊寺《ちゅうそんじ》には藤原《ふじわら》３代《だい》の当主《とうしゅ》の遺《い》体《たい》が安置《あんち》され、ミイラで保存《ほぞん》されていた。

平安時代《へいあんじだい》③

武士《ぶし》たちの戦《たたか》い、源平合戦《げんぺいがっせん》

この時代《じだい》のヒーロー

〈トピックス〉

源氏《げんじ》と平氏《へいし》の戦《たたか》い　の巻《まき》

＊上皇《じょうこう》は、天皇《てんのう》の位《くらい》をゆずった「元天皇《もとてんのう》」のこと。とくに出家《しゅっけ》した上皇《じょうこう》のことを「法皇《ほうおう》」という。

自分《じぶん》が日本《にほん》を動《うご》かしたいと みなが思《おも》っていますから 貴族同士《きぞくどうし》がライバルですし
ワーワー
強《つよ》い兵力《へいりょく》をたくわえた 寺《てら》も出現《しゅつげん》し 僧兵《そうへい》は 貴族《きぞく》にしたがいません
エラいヒトもたいへんね
そこで貴族《きぞく》たちは 「武士《ぶし》」の武力《ぶりょく》を たよりにします！
これ？
カツオぶしじゃありません
しょうゆ
武士《ぶし》
ギラッ
自分《じぶん》たちを守《まも》ってもらい 逆《さか》らう者《もの》をしたがわせる
ホッ
貴族《きぞく》にとって 武士《ぶし》は大事《だいじ》な 存在《そんざい》になって いき やがて
朝廷《ちょうてい》
「平《たいら》」という武士《ぶし》の一族《いちぞく》は 政治《せいじ》にまで参加《さんか》する ようになりました
平
貴族《きぞく》の 仲間《なかま》入《い》り
さらに平一族《たいらいちぞく》（平氏《へいし》）は 中国《ちゅうごく》と貿易《ぼうえき》をして 大《おお》きな財力《ざいりょく》をたくわえ
天皇家《てんのうけ》と 自分《じぶん》たちの一族《いちぞく》を 結婚《けっこん》させて 政治《せいじ》にも大《おお》きな 力《ちから》を持《も》つように なっていきました
このヒトだれ？

ぬっ
平氏《へいし》のボス　平清盛《たいらのきよもり》です！
ワシは天皇《てんのう》や法皇《ほうおう》よりも力《ちから》があるぞ
わっ
平一族《たいらいちぞく》の者《もの》はみんな出世《しゅっせ》させよう！
日本《にほん》は平氏《へいし》が動《うご》かすのだよ
ズルイ
政治《せいじ》の重要《じゅうよう》な役職《やくしょく》はみな平氏《へいし》の人《ひと》たちが独占《どくせん》し…
キミたちイヌやネコとおんなじ
この時代《じだい》「平氏《へいし》でない者《もの》は人間《にんげん》ではない」といわれたほどです
まあ
ずいぶんいばってイヤなやつねー
あ！
ピクッ
あのこ平氏《へいし》のわるぐちいった
なに?!!
あの赤《あか》い服《ふく》を着《き》た子《こ》どもはかむろといって平氏《へいし》のスパイなんだ!!
え!?
タイホする!!
ジョーダンじゃないわよ
平氏《へいし》の支配《しはい》には貴族《きぞく》や民衆《みんしゅう》だけでなく日本各地《にほんかくち》の武士《ぶし》たちも不満《ふまん》を持《も》っていました

この平氏《へいし》に対抗《たいこう》すべく 立《た》ち上《あ》がった武士《ぶし》がいます！ 源一族《みなもといちぞく》の源頼朝《みなもとのよりとも》や…
ワー
ワ
なんとかしなくちゃ
その弟《おとうと》の源義経《みなもとのよしつね》！
ぼく義経役《よしつねやく》やろっと
そして木曽《きそ》(今《いま》の長野県《ながのけん》)の山奥《やまおく》の源氏一族《げんじいちぞく》 木曽義仲《きそよしなか》です!!
ウィーン
ええ〜めんどくさい
しんちゃんやれば？
あなたは？
木曽義仲《きそよしなか》の妻《つま》 巴御前《ともえごぜん》です
平氏《へいし》をたおして新《あたら》しい日本《にほん》をつくるゾ！
はい
こんな戦《いくさ》のとき 源氏《げんじ》は白《しろ》い旗《はた》 平氏《へいし》は赤《あか》い旗《はた》を使《つか》ったのです
ゾロゾロ
平氏《へいし》の軍《ぐん》がやってきます
大軍団《だいぐんだん》ですな

まともに戦《たたか》えば
平氏《へいし》にかないません
そこで義仲《よしなか》は…
ワー
ワー
なるほど!
奇襲攻撃《きしゅうこうげき》を
かけるのね
よしなかって
アタマいい
のねー
ヒソ
ヒソ
シナリオ
ヤッホー
ワー
ワー
バカモノ
夜《よる》になるのを待《ま》って
平氏《へいし》のスキをついて
攻撃《こうげき》するのよ!!
昼間《ひるま》から堂々《どうどう》と
敵《てき》の前《まえ》に出《で》ちゃ
ダメじゃない!!
シナリオ
こっちのセリフよ
じゃ夜《よる》に
なるまで
みんなで
ピクニック
でも
きゃっ♪
きゃっ
奇襲攻撃《きしゅうこうげき》の
準備《じゅんび》しろー
イラ
イラ イラ
牛《うし》の角《つの》に
タイマツを
結《むす》びつけて
タイヤキ
でも
いい?
も…
なんでも
いいわよ
火《ひ》を
つける
ボボッ
この牛《うし》を
平氏《へいし》めがけて
突進《とっしん》させて
びっくりさせ
谷《たに》へ追《お》い
落《お》とすのです

ドドドドドー
ヤッホー
うわああ〜!
やったー 作戦大成功《さくせんだいせいこう》だ! 義仲《よしなか》さまこそ最強《さいきょう》の武士《ぶし》だ!
日本一《にっぽんいち》〜
こうして奇襲攻撃《きしゅうこうげき》はみごとに決《き》まりました
法皇《ほうおう》
どん♪
ちゃん
キネンにパンツのこうかんしよ〜
サッカーじゃあるまいし
しかし義仲《よしなか》は その後《ご》の戦《たたか》いでとらえられ…
ホ
見《み》たくもない…
いやん
その後《ご》源氏《げんじ》では義経《よしつね》が大《だい》かつやくします
オラ死《し》んだの?
はい
わーい ヒーローだ!
さいごには平氏《へいし》の一族《いちぞく》は壇《だん》ノ浦《うら》でほろびました
ワー
あれ〜
ワイ
うんどう
ボチャン
次《つぎ》の章《しょう》に続《つづ》きます

摂関政治《せっかんせいじ》から院政《いんせい》へ、そして武士《ぶし》の世《よ》の中《なか》へ

源平合戦《げんぺいがっせん》の武者《むしゃ》たち

上皇《じょうこう》が政治《せいじ》をとる院政《いんせい》のなかで、力《ちから》をつけてきたのは、源氏《げんじ》や平氏《へいし》の武士《ぶし》たちだったんだ。

■エピソード①

貴族同士《きぞくどうし》の争《あらそ》いがはげしくなるにつれて、武士《ぶし》の力《ちから》も強《つよ》くなっていった。

■エピソード②

武士《ぶし》である平氏《へいし》は力《ちから》をつけて、貴族《きぞく》のような暮《く》らしをはじめた。

■エピソード③

平氏《へいし》をたおすために、源氏《げんじ》の木曽義仲《きそよしなか》、源《みなもとの》頼朝《よりとも》や源《みなもとの》義経《よしつね》が立《た》ち上《あ》がった。

藤原氏《ふじわらし》の時代《じだい》が終《お》わり院政《いんせい》が始《はじ》まる

平安時代《へいあんじだい》には、藤原氏《ふじわらし》の力《ちから》が大《おお》きくなりすぎたけど、藤原氏《ふじわらし》とのつながりがうすい後三条天皇《ごさんじょうてんのう》が即位《そくい》すると、藤原氏《ふじわらし》には力《ちから》をあたえすぎないようにして、天皇《てんのう》が政治《せいじ》の中心《ちゅうしん》になるように戻《もど》している。

後三条天皇《ごさんじょうてんのう》の子《こ》どもの白河天皇《しらかわてんのう》も、天皇《てんのう》の座《ざ》をまだ幼《おさな》かった自分《じぶん》の子《こ》どもにゆずって、自分《じぶん》は上皇《じょうこう》という位《くらい》について実権《じっけん》をにぎったんだ。上皇《じょうこう》というのは元《もと》の天皇《てんのう》ってことだね。天皇《てんのう》でなくなっても、ほかの人《ひと》たちの好《す》きにはさせないということを示《しめ》すためにそうしたんだけど、これを院政《いんせい》というよ。

源氏《げんじ》と平氏《へいし》という武士《ぶし》どうしの戦《たたか》い

それから院政《いんせい》をめぐる争《あらそ》いが起《お》こって、朝廷《ちょうてい》が2つに分《わ》かれて戦《たたか》い出《だ》すようになると、貴族《きぞく》は武士《ぶし》に助《たす》けを求《もと》めた。

そのため、武士《ぶし》たちのいくさが続《つづ》いたんだ。大《おお》きな戦《たたか》いは2回《かい》あり、保元《ほうげん》の乱《らん》、平治《へいじ》の乱《らん》とよばれているよ。

この平治《へいじ》の乱《らん》で活躍《かつやく》した、武士《ぶし》の平清盛《たいらのきよもり》は太政大臣《だいじょうだいじん》という位《くらい》について、ものすごく力《ちから》をもったんだ。このとき清盛《きよもり》に負《ま》けた源義《みなもとのよし》朝《とも》は殺《ころ》され、その子《こ》の頼朝《よりとも》は伊豆《いず》に流《なが》された。

その後《ご》、平清盛《たいらのきよもり》が力《ちから》を持《も》ちすぎたことから、日本全国《にほんぜんこく》で「清盛《きよもり》をたおせ!」と立《た》ち上《あ》がる武士《ぶし》たちがいた。そのなかでも強力《きょうりょく》だったのが、木曽義仲《きそよしなか》と伊豆《いず》に流《なが》されていた源《みなもとの》頼朝《よりとも》なんだ。その頼朝《よりとも》の弟《おとうと》が、幼《おさな》いころは牛若丸《うしわかまる》とよばれていた源義経《みなもとのよしつね》だよ。

木曽義仲《きそよしなか》は軍勢《ぐんぜい》をひきいて京《きょう》の都《みやこ》から平氏《へいし》を追《お》い出《だ》したけど、今度《こんど》はその義仲《よしなか》の軍勢《ぐんぜい》が京《きょう》で乱暴《らんぼう》を始《はじ》めた。それで頼朝《よりとも》に送《おく》り出《だ》された義経軍《よしつねぐん》はその義仲《よしなか》をほろぼしたんだ。

さらに義経軍《よしつねぐん》は、西《にし》のほうへのがれていた平氏《へいし》の軍《ぐん》も追《お》いかけた。弁慶《べんけい》も味方《みかた》にいた義経軍《よしつねぐん》はとても強《つよ》く、平氏《へいし》を壇ノ浦《だんのうら》に追《お》いつめて、とうとうほろぼしている。この壇ノ浦《だんのうら》の戦《たたか》いでは、義経《よしつね》は船《ふね》の上《うえ》をぴょんぴょん飛《と》びながら戦《たたか》い、それが八《はっ》そう飛《と》びとよばれたんだよ。

あまりの人気《にんき》でチンギス・ハン説《せつ》も!

義経《よしつね》は今《いま》も人気《にんき》のヒーローだけど、この時代《じだい》の京都《きょうと》の貴族《きぞく》からの人気《にんき》はすごかった。でも、それは頼朝《よりとも》にとっては都合《つごう》がよくなかった。その人気《にんき》をねたんだ頼朝《よりとも》は義経《よしつね》を追《お》いつめ、義経《よしつね》は東北《とうほく》の平泉《ひらいずみ》で自殺《じさつ》してしまうんだ。

ただ、その死体《したい》が見《み》つからなかったことから、義経《よしつね》は中国《ちゅうごく》ににげてチンギス・ハンになったんじゃないかともいわれる。でもそれは今《いま》でいう都市伝説《としでんせつ》みたいなものだろうね。

武士《ぶし》の力《ちから》と貴族《きぞく》の力《ちから》の合体《がったい》

貴《き》族《ぞく》をぬいた平《へい》氏《し》の隆《りゅう》盛《せい》

平清盛《たいらのきよもり》は貴族《きぞく》のもめごとを武力《ぶりょく》でおさめ、そこから、貴族《きぞく》に負《ま》けない力《ちから》を得《え》たんだよ。

平安時代《へいあんじだい》がもうすぐ終《お》わるというころに、もっとも力《ちから》を持《も》っていたのが平清盛《たいらのきよもり》だよ。これは、貴族《きぞく》たちの争《あらそ》いをおさめたことが認《みと》められたからなんだ。平清盛《たいらのきよもり》は、武士《ぶし》としてはじめて、太政大臣《だいじょうだいじん》っていう朝廷《ちょうてい》のなかでもいちばん高《たか》い位《くらい》についているんだ。

「平氏《へいし》にあらずんば、人《ひと》にあらず」。つまり、平氏《へいし》でない者《もの》は人《ひと》ではない、といわれたくらい、平氏《へいし》の勢《いきお》いはすごかったんだ。だからこそ、みんなの反感《はんかん》を買《か》って、平氏《へいし》は、ほろびることになるわけだね。

海外《かいがい》にも目《め》を向《む》けた清盛《きよもり》

でも、平清盛《たいらのきよもり》は、日本《にほん》の外《そと》にも目《め》を向《む》けていた人《ひと》なんだ。平安時代《へいあんじだい》になってから１０年《ねん》くらいたつと、中国《ちゅうごく》の唐《とう》が乱《みだ》れてきたから遣唐使《けんとうし》を送《おく》るのをやめていたんだけど、唐《とう》のあとの中国《ちゅうごく》では、宋《そう》っていう国《くに》ができていた。平清盛《たいらのきよもり》は、この宋《そう》と貿易《ぼうえき》をしたんだ。

こうして平氏《へいし》はさらにゆたかになったし、日本《にほん》にはまた、中国《ちゅうごく》の文化《ぶんか》が入《はい》ってくるようになったんだ。

天皇《てんのう》を引退《いんたい》しても力《ちから》は変《か》わらず

上《じょう》皇《こう》が国《くに》を治《おさ》める院《いん》政《せい》

上皇《じょうこう》として政治《せいじ》を動《うご》かし続《つづ》ける院政《いんせい》が、平安時代《へいあんじだい》の終《お》わりにはじまったんだ。

話《はなし》をちょっと前《まえ》にもどすね。藤原氏《ふじわらし》に力《ちから》をあたえない目的《もくてき》もあって、白河天皇《しらかわてんのう》は、上皇《じょうこう》という位《くらい》について、自分《じぶん》が政治《せいじ》の中心《ちゅうしん》になる院政《いんせい》をはじめた。白河上皇《しらかわじょうこう》のあとも、鳥羽上皇《とばじょうこう》、後白河上皇《ごしらかわじょうこう》と、上皇《じょうこう》が政治《せいじ》の中心《ちゅうしん》になる院政期《いんせいき》は100年続《ねんつづ》いたんだ。

院政《いんせい》では、まわりの力《ちから》がうまくおさえられて、上皇《じょうこう》が国《くに》を支配《しはい》できていた。

思《おも》いのままにならない3つのこと

院政《いんせい》をはじめた白河上皇《しらかわじょうこう》は「自分《じぶん》が思《おも》うままにできないのは、鴨川《かもがわ》の水《みず》と、すごろくのサイと山法師《やまほうし》だけだ」とも言《い》っているんだ。

鴨川《かもがわ》の水《みず》っていうのは、大雨《おおあめ》などで起《お》こる洪水《こうずい》のこと。サイっていうのは、どの目《め》が出《で》るかわからないサイコロのこと。そして山法師《やまほうし》は、比叡山延暦寺《ひえいざんえんりゃくじ》の僧兵《そうへい》のことだ。

大《おお》きな寺《てら》では、僧《そう》たちが乱暴《らんぼう》な態度《たいど》でいろんな要求《ようきゅう》をしてくるようになっていたんだ。日本《にほん》の仏教《ぶっきょう》の中心《ちゅうしん》になっているお寺《てら》の僧《そう》がいろいろ言《い》ってきたら、あつかいづらかったんだろうね。

貴《き》族《ぞく》の争《あらそ》いを武士《ぶし》が解決《かいけつ》

源氏《げんじ》と平氏《へいし》が対立《たいりつ》 保元《ほうげん》・平治《へいじ》の乱《らん》

貴族《きぞく》の対立《たいりつ》が武士《ぶし》までまきこむようになった。そこからまず、平清盛《たいらのきよもり》が活躍《かつやく》したんだね。

平清盛《たいらのきよもり》が力《ちから》をつけるきっかけになったのが、保元《ほうげん》の乱《らん》と平治《へいじ》の乱《らん》。この2つの大《おお》きな争《あらそ》いについても説明《せつめい》しておくね。

保元《ほうげん》の乱《らん》は、天皇家《てんのうけ》の対立《たいりつ》から起《お》こった争《あらそ》いで、このときはまだ上皇《じょうこう》になっていなかった後白河天皇《ごしらかわてんのう》は、平清盛《たいらのきよもり》や、源頼朝《みなもとのよりとも》の父親《ちちおや》の義朝《よしとも》を味方《みかた》にして勝《か》ったんだ。

でも、後白河天皇《ごしらかわてんのう》が上皇《じょうこう》になったあと、また、まわりで対立《たいりつ》が起《お》こってきた。このときは、保元《ほうげん》の乱《らん》では味方同士《みかたどうし》だった平清盛《たいらのきよもり》と源義朝《みなもとのよしとも》が戦《たたか》った。これが平治《へいじ》の乱《らん》で、平清《たいらのきよ》盛《もり》が勝《か》ったんだ。後白河上皇《ごしらかわじょうこう》は、自分《じぶん》のために戦《たたか》ってくれた平清盛《たいらのきよもり》を認《みと》めるしかなかったわけだよ。それで、平清盛《たいらのきよもり》は、後白河上皇《ごしらかわじょうこう》にせまるくらいの力《ちから》を持《も》つことになったんだ。

助《たす》けた子《こ》どもにほろぼされる

平治《へいじ》の乱《らん》のあと、勝《か》った平清盛《たいらのきよもり》は、源義《みなもとのよし》朝《とも》の子《こ》どもの頼朝《よりとも》と義経《よしつね》を殺《ころ》さなかったんだ。まだ子《こ》どもだったふたりに情《なさ》けをかけたんだけど、生《い》かしておいた頼朝《よりとも》と義経《よしつね》に、平氏《へいし》はほろぼされることになってしまうんだね。

貴族《きぞく》も武士《ぶし》もまきこんだ

保元《ほうげん》の乱《らん》

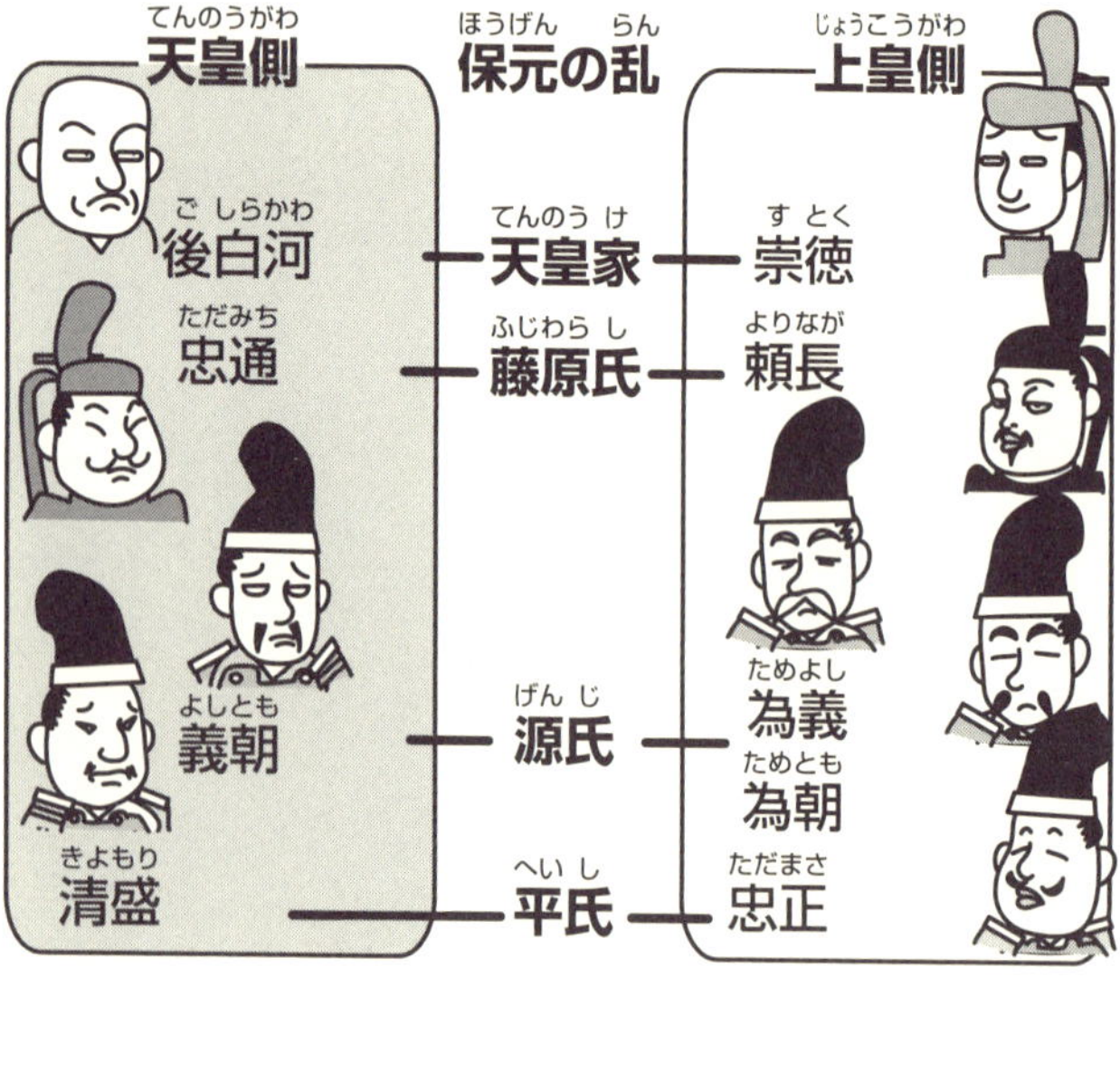

◉2つに分《わ》かれた戦《たたか》い

源氏《げんじ》、平氏《へいし》だけでなく、天皇家《てんのうけ》や藤原氏《ふじわらし》も、2つに分《わ》かれて争《あらそ》ったんだ。

武士《ぶし》の時代《じだい》のはじまりの合図《あいず》

武《ぶ》士《し》のトップをきめる源《げん》平《ぺい》合《がっ》戦《せん》

平氏《へいし》をたおすために立《た》ち上《あ》がった源氏《げんじ》は、合戦《かっせん》で勝《か》ち続《つづ》けて平氏《へいし》を追《お》いつめるんだ。

源平合戦《げんぺいがっせん》は、後白河法皇《ごしらかわほうおう》の皇子《おうじ》が、「平氏《へいし》をたおせ」という命令《めいれい》を出《だ》したことからはじまったんだ。

最初《さいしょ》のうちは平氏《へいし》のほうが優勢《ゆうせい》だったから、源《みなもとの》頼朝《よりとも》や木曽《きそ》義仲《よしなか》も源氏側《げんじがわ》として戦《たたか》いに加《くわ》わった。源《みなもとの》頼朝《よりとも》ははじめの戦《たたか》いで負《ま》けたけど、そのあと、富士川《ふじがわ》（静岡県《しずおかけん》）の戦《たたか》いで勝《か》ったんだ。このとき、平氏《へいし》の軍《ぐん》は、水鳥《みずとり》が飛《と》び立《た》つ音《おと》におどろいてにげたというから、武《ぶ》士《し》らしくないよね。

源氏同士《げんじどうし》の戦《たたか》い、宇治川《うじがわ》の合戦《かっせん》

木曽《きそ》義仲《よしなか》は倶利伽羅峠《くりからとうげ》（富山県《とやまけん》・石川県《いしかわけん》）の戦《たたか》いで、牛《うし》の角《つの》にたいまつをつけて平氏《へいし》の軍《ぐん》をおそって、勝《か》っている。そのあと義仲《よしなか》は京都《きょうと》に入《はい》ったんだけど、乱暴《らんぼう》なふるまいをしたから、源《みなもとの》頼朝《よりとも》との関係《かんけい》が悪《わる》くなったんだ。

源氏同士《げんじどうし》の戦《たたか》いは、京都《きょうと》の宇治川《うじがわ》でおこなわれ、源《みなもとの》頼朝《よりとも》の弟《おとうと》の義経《よしつね》を大将《たいしょう》とする頼朝《よりとも》側《がわ》が勝《か》って、負《ま》けた義仲《よしなか》は死《し》んだんだ。

それから源《みなもとの》義経《よしつね》は、西国《さいごく》（京都《きょうと》より西《にし》の

地域《ちいき》）ににげていた平氏《へいし》を追《お》って、戦《たたか》いを続《つづ》けていくんだよ。

義経《よしつね》はまず、平氏《へいし》の陣《じん》があった一《いち》ノ谷《たに》（兵《ひょう》庫県《ごけん》）をせめた。このときは、「鹿《しか》しかおりられない」って言《い》われていた急《きゅう》な坂《さか》を馬《うま》でかけおりていった。あわてた平氏《へいし》はちゃんと戦《たたか》うことができず、海《うみ》へとにげていったんだ。

義経《よしつね》の強《つよ》さと、戦《たたか》いのうまさは、このころから評判《ひょうばん》になっていたんだよ。

強《つよ》すぎた義経《よしつね》の悲劇《ひげき》

ただ、義経《よしつね》が強《つよ》すぎたことにも問題《もんだい》はあったんだ。一《いち》ノ谷《たに》で勝利《しょうり》したあと、後白河法皇《ごしらかわほうおう》は義経《よしつね》に位《くらい》をさずけたんだけど、兄《あに》の頼朝《よりとも》を通《とお》さず、そんな位《くらい》をもらったことがよくなかったんだね。兄《あに》の頼朝《よりとも》としては、おもしろくない気持《きも》ちもあったはずだ。それに、源氏《げんじ》の兵《へい》たちが、自分《じぶん》の味方《みかた》と義経《よしつね》の味方《みかた》に分《わ》かれてしまったら、平氏《へいし》をたおすことができても、争《あらそ》いは続《つづ》いてしまうと考《かんが》えるようになった。

そんなことに気《き》づいていなかった義経《よしつね》は、にげた平氏《へいし》を追《お》っていった。つぎの戦《たたか》いは、屋島《やしま》（香川県《かがわけん》）でおこなわれ、義経《よしつね》はまた勝《か》ったんだ。このとき、戦《たたか》いがはじまる前《まえ》に、船《ふね》の上《うえ》にいた平氏《へいし》の人《ひと》が「この的《まと》を落《お》とせるか」って、扇《おうぎ》を出《だ》してくると、源氏《げんじ》の軍《ぐん》にいた那須与一《なすのよいち》が、弓《ゆみ》でみごとに扇《おうぎ》を落《お》としたのは有名《ゆうめい》な話《はなし》だよ。

このあと、平氏《へいし》は最後《さいご》の戦《たたか》いのために壇《だん》ノ浦《うら》（山口県《やまぐちけん》）に集《あつ》まっていくんだ。

おごれる平家久《へいけひさ》しからず

海《うみ》に消《き》えた平《へい》氏《し》の繁《はん》栄《えい》

壇《だん》ノ浦《うら》まで平氏《へいし》を追《お》いつめた源《みなもとの》義経《よしつね》は、ついにこの合戦《かっせん》で平氏《へいし》をほろぼしたんだ。

壇《だん》ノ浦《うら》の戦《たたか》いでは、源氏《げんじ》の船《ふね》700そうと平氏《へいし》の船《ふね》500そうが集《あつ》まったそうだから、すごいよね。海《うみ》の上《うえ》での戦《たたか》いは、平氏《へいし》のほうが慣《な》れているっていわれていて、はじめのうちは平氏《へいし》がおしていたんだけど、潮《しお》の流《なが》れ、つまり波《なみ》の向《む》きが変《か》わると、形勢《けいせい》が逆転《ぎゃくてん》したんだ。源《みなもとの》義経《よしつね》は、八《はっ》そう飛《と》びってよばれる、船《ふね》から船《ふね》へと飛《と》びまわる活躍《かつやく》を見《み》せたんだよ。

あきらめた平氏《へいし》の人《ひと》たちは、海《うみ》へと飛《と》びこんでいった。こうして、朝廷《ちょうてい》ですごい力《ちから》を持《も》っていた平氏《へいし》もついにほろんでしまうんだ。

平《へい》氏《し》をたおした義《よし》経《つね》も追《お》われる

平氏《へいし》をたおしたのは源《みなもとの》義経《よしつね》だったけど、兄《あに》の頼朝《よりとも》との関係《かんけい》が悪《わる》くなったことから、義《よし》経《つね》はわずかな仲間《なかま》とにげるしかなくなった。

それで、若《わか》いころに世話《せわ》になっていた奥州《おうしゅう》の藤原氏《ふじわらし》のもとへとたよっていったんだ。だけど頼朝《よりとも》は、義経《よしつね》を生《い》かしておけないと考《かん》え、藤原氏《ふじわらし》をおどしたんだ。それで藤原氏《ふじわらし》は、義経《よしつね》の屋敷《やしき》をおそって、ついに義経《よしつね》も自殺《じさつ》してしまうんだよ。

日本各地《にほんかくち》で戦《たたか》った

源平合戦図《げんぺいがっせんず》

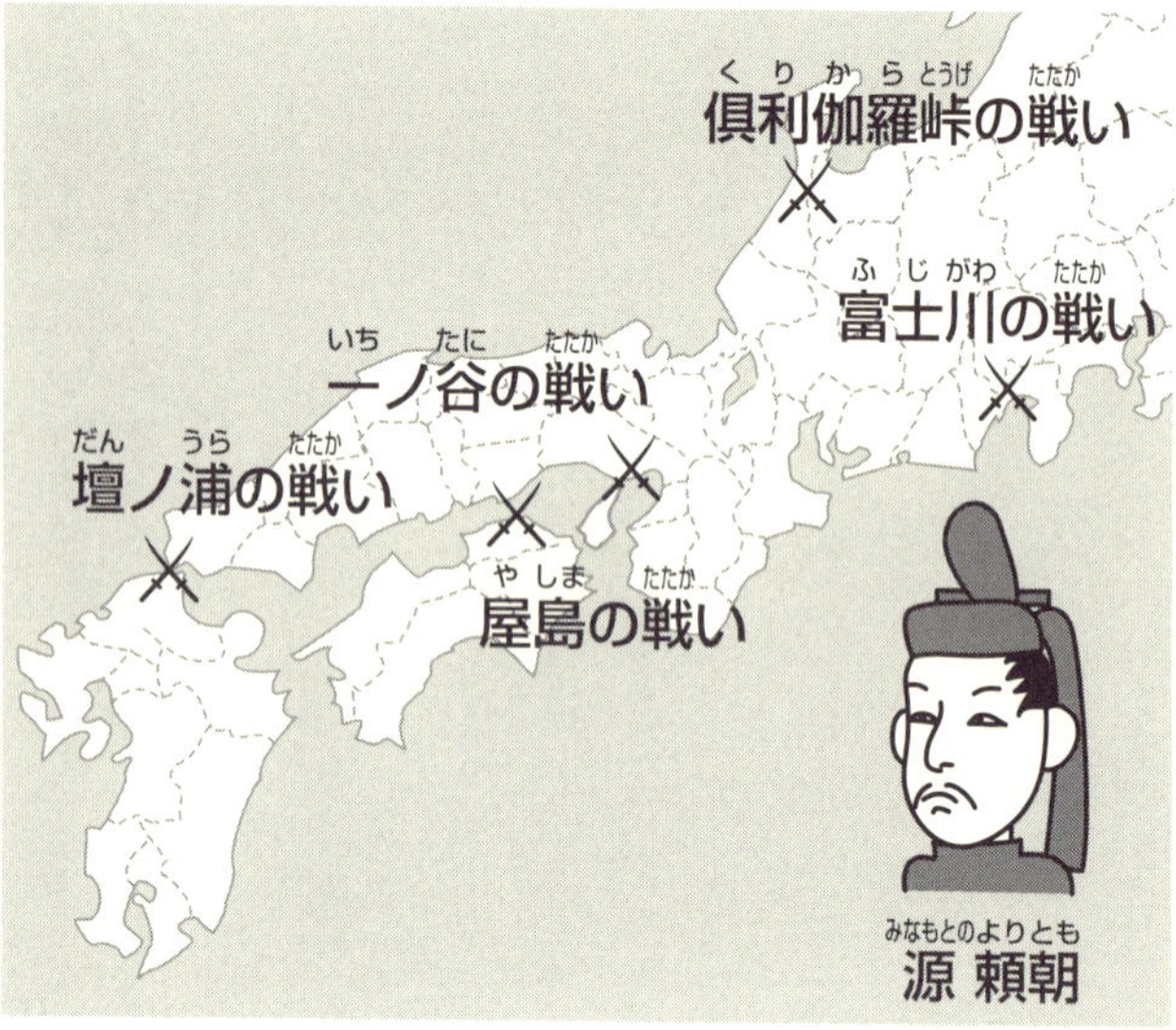

◉数多《かずおお》くの戦場《せんじょう》

源氏《げんじ》と平氏《へいし》は、上《うえ》の図《ず》にあるだけでなく、東北《とうほく》から九州《きゅうしゅう》まで日《に》本全国《ほんぜんこく》で戦《たたか》った。

鎌《かま》倉《くら》時《じ》代《だい》①

貴族《きぞく》の時代《じだい》から武士《ぶし》の時代《じだい》へ

この時代《じだい》のヒーロー

〈トピックス〉

新《あたら》しい武士《ぶし》の時代《じだい》がはじまるゾ！　の巻《まき》

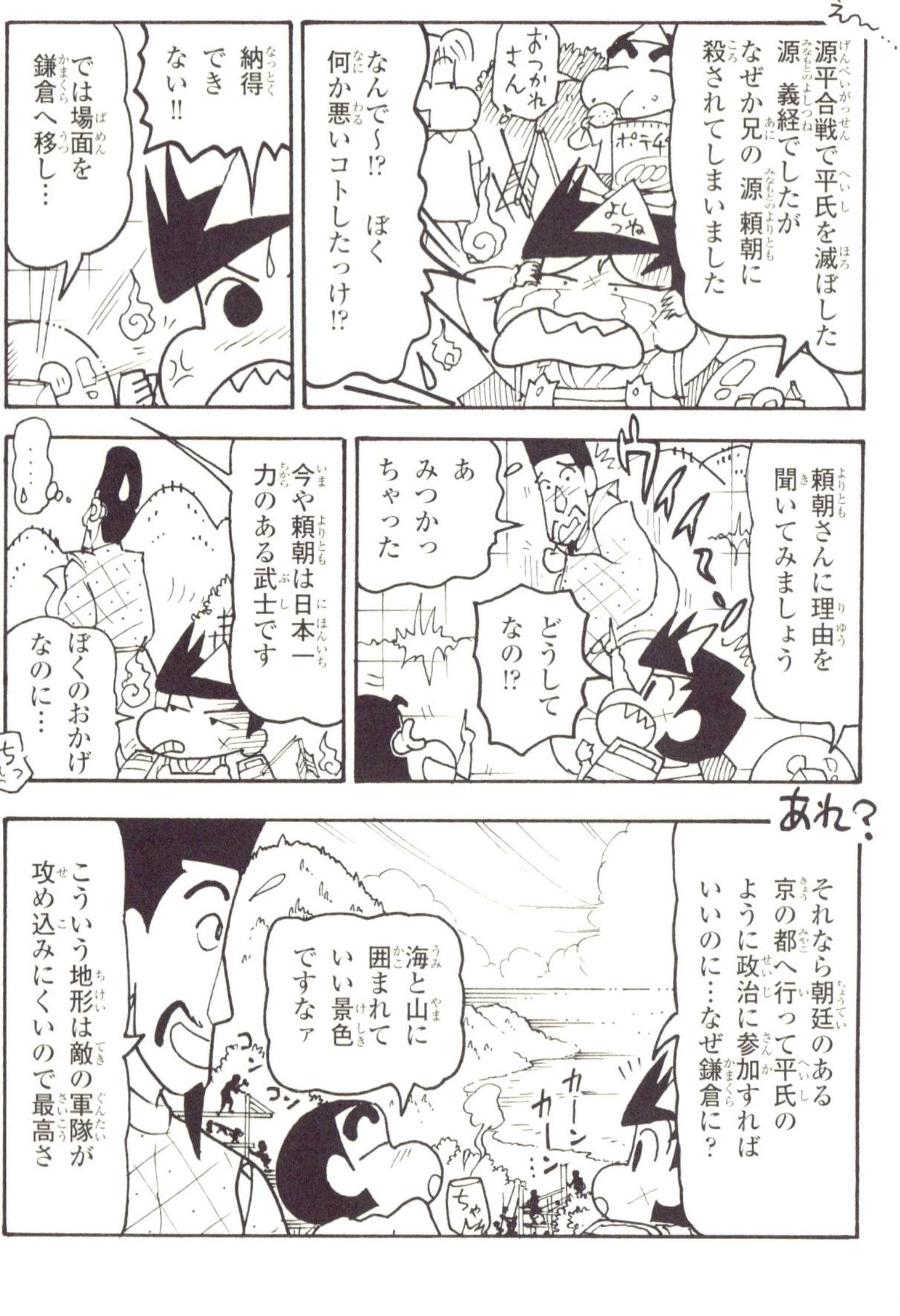

私《わたくし》はここに関東《かんとう》の武士《ぶし》たちと「武士《ぶし》が主役《しゅやく》の新政府《しんせいふ》」をつくる計画《けいかく》なんだ!!
おー
え!?
でも京《きょう》には朝廷《ちょうてい》という「貴族《きぞく》の政府《せいふ》」があるじゃない?
日本《にほん》に2つめの政府《せいふ》?
そゆこと
新《あたら》しい政府《せいふ》(武士《ぶし》の政府《せいふ》)を朝廷《ちょうてい》に認《みと》めてもらいそのかわりに朝廷《ちょうてい》の存在《そんざい》も認《みと》める
私《わたくし》を中心《ちゅうしん》にした独自《どくじ》の政府《せいふ》それが鎌倉幕府《かまくらばくふ》だ!
こわっ
朝廷
団結《だんけつ》!!
ゴーインだナ
だから私《わたくし》の命令《めいれい》にしたがわず団結《だんけつ》を乱《みだ》す武士《ぶし》は鎌倉幕府《かまくらばくふ》の敵《てき》!
貴族《きぞく》にほめられていい気《き》になっている武士《ぶし》も敵《てき》だ!
平氏《へいし》を滅《ほろぼ》したごほうびに出世《しゅっせ》させてやろう
法皇《ほうおう》
えらい!
わーい
ギクッ
それで義経《よしつね》は殺《ころ》されたのか!

でも あなたの命令《めいれい》を きかない武士《ぶし》だって いるでしょ？
フン
そういう 武士《ぶし》には…
私《わたくし》の家来《けらい》に なって 命令《めいれい》にしたがい 手《て》がらを立《た》てた 武士《ぶし》には 領地《りょうち》をあげる ことにした
この土地《とち》は あなたのモノです
カキカキ
このように「御恩《ごおん》」を受《う》けた 武士《ぶし》は頼朝様《よりともさま》の命令《めいれい》を よくきき「奉公《ほうこう》」します
命《いのち》がけで 敵《てき》から 頼朝様《よりともさま》を おまもり します！
こうして 関東《かんとう》の武士《ぶし》たちは 頼朝《よりとも》のもとで かたく団結《だんけつ》しました
サイン あげるから ケライに なれば？
やだ
しん
次《つぎ》に幕府《ばくふ》のしくみを 考《かんが》えれば…
う〜ん…
これが けっこー ムズカシイ
もっとお気楽《きらく》に つくれば？
ちゃ
いやいや！ 私《わたくし》の死《し》んだ後《あと》も ずっと安定《あんてい》した武士《ぶし》の時代《じだい》が 続《つづ》くようしっかりつくらねば!!
キリッ
真剣《しんけん》な頼朝様《よりともさま》 ってステキ…♡
ポッ

日本各地《にほんかくち》に
守護《しゅご》（武士《ぶし》を取《と》りしまる係《かかり》）と地頭《じとう》（税《ぜい》を取《と》りたてる係《かかり》）を置《お》いたぞ！
おいていいよね？
しょうがないなあ…
強引《ごういん》だな…
朝廷《ちょうてい》
それから…
トントン
そろそろ運動会《うんどうかい》はじめましょうか？
おお むっちり忘《わす》れてた！
「すっかり」でしょ？
ピピピ
ちょうどおもしろいトコだから組長先生《くみちょうせんせい》もみれば？
えんちょうです
じゃちょっと
幕府《ばくふ》の中《なか》には3つの役所《やくしょ》をつくろう
政所《まんどころ》は政治《せいじ》を問注所《もんちゅうじょ》は裁判事務《さいばんじむ》を侍所《さむらいどころ》は武士《ぶし》たちの管理《かんり》などをおこなう所《ところ》だよ
よりとも
政所《まんどころ》
問注所《もんちゅうじょ》
侍所《さむらいどころ》
ウイイ〜ン
あ！源頼朝《みなもとのよりとも》だ
けっこう現代的《げんだいてき》だね

努力《どりょく》のかいあって1192年《ねん》
頼朝《よりとも》は征夷大将軍《せいいたいしょうぐん》となり
鎌倉幕府《かまくらばくふ》は正式《せいしき》に
朝廷《ちょうてい》から認《みと》められました
将軍《しょうぐん》
これからは
武士《ぶし》の世《よ》の中《なか》だ…
かっこいいですね
私《わたし》に頼朝《よりとも》の
役《やく》をさせて
ください！
どーぞ
どーぞ
ワー
ワー
ワー
さて！ ついに
「武士中心《ぶしちゅうしん》の世《よ》の中《なか》」を
つくった頼朝《よりとも》ですが
よ！
日本一《にっぽんいち》!!
ずるっ
7年後《ねんご》 馬《うま》から
落《お》ちて あっさり
死《し》んでしまいました
ちょっと
カッコ
わる…
ドテ
そんなぁ～!!
よりとも
鎌倉幕府《かまくらばくふ》
に危機《きき》が
おとずれます
ゴロ
ゴロ
だれが頼朝《よりとも》の跡《あと》を継《つ》ぐか？
よしつね
なかま
いり

ワァ ワァ
頼朝《よりとも》の子《こ》どもや
頼朝《よりとも》の家来《けらい》の北条一族《ほうじょういちぞく》
などが跡継《あとつ》ぎ争《あらそ》いをはじめ
そのスキをついて貴族《きぞく》は
幕府《ばくふ》を滅《ほろ》ぼそうとしました
チャンス!!♪
後鳥羽上皇《ごとばじょうこう》
ドタバタ
あ～あメチャクチャ
戦《たたか》いが多《おお》くて日本《にほん》の中《なか》も
なかなか安定《あんてい》しませんね
しかし！ 頼朝《よりとも》の妻《つま》
北条政子《ほうじょうまさこ》によって鎌倉《かまくら》の
武士《ぶし》はふたたび団結《だんけつ》します
オラのキッスあげる
から団結《だんけつ》して～ん
よけいバラバラになっちゃうだろっ
その後《ご》 幕府《ばくふ》は
北条一族《ほうじょういちぞく》の
ものとなって
いきます…
園長先生《えんちょうせんせい》
開会《かいかい》の
ごあいさつ
お願《ねが》いします
ワィ
ワィ
はっ
それではみなさん！
これから
紅白《こうはく》に
分《わ》かれて
戦《たたか》いますが…
戦《たたか》うより
仲良《なかよ》くした
ほうがいいので
みんなで
ピクニック
に行《い》きま
しょう♡
おおう?!
よ！
日本一《にっぽんいち》!!

この時代《じだい》のヒーロー

武士《ぶし》の世《よ》の中《なか》にするために戦《たたか》った

源《みなもとの》頼《より》朝《とも》

平氏《へいし》をたおした 源 頼朝《みなもとのよりとも》は、武士中心《ぶしちゅうしん》の社会《しゃかい》をつくるために準備《じゅんび》をしていたんだ。

■エピソード①

平氏《へいし》をほろぼし、征《せい》夷大将軍《いたいしょうぐん》となり、全《ぜん》国《こく》の武士《ぶし》の棟梁《とうりょう》となる。

■エピソード②

鎌倉《かまくら》に幕府《ばくふ》を開《ひら》いて、貴族《きぞく》ではなく、武士中心《ぶしちゅうしん》の政治《せいじ》をはじめる。

■エピソード③

幕府《ばくふ》をつくった後《あと》で、馬《うま》から落《お》ちたケガがもとで、死《し》んでしまう。

頼朝《よりとも》、日本《にほん》支配《しはい》の準備《じゅんび》をはじめる

源平合戦《げんぺいがっせん》がすすんでいくなかで、源頼朝《みなもとのよりとも》は、鎌倉《かまくら》（今《いま》の神奈川県《かながわけん》）を中心《ちゅうしん》とした武士《ぶし》の社会《しゃかい》を築《きず》いていったんだ。源平合戦《げんぺいがっせん》で、平氏《へいし》が京《きょう》から西国《さいごく》へのがれていくと、頼朝《よりとも》は、後白河法皇《ごしらかわほうおう》から、東国《とうごく》の支配《しはい》を許《ゆる》された。

そのあと、源義経《みなもとのよしつね》が平氏《へいし》をほろぼすと、頼朝《よりとも》は、各地《かくち》の国《くに》ごとに守護《しゅご》を置《お》くことと、荘園《しょうえん》や貴族《きぞく》の支配地《しはいち》ごとに地頭《じとう》を置《お》くことを法皇《ほうおう》に認《みと》めさせたんだ。

守護《しゅご》は、国《くに》ごとの警察《けいさつ》みたいなもので、地頭《じとう》は土地《とち》ごとの管理人《かんりにん》のようなものだよ。守護《しゅご》と地頭《じとう》を置《お》いたのは、にげている義経《よしつね》をとらえるためでもあったんだけど、本当《ほんとう》のねらいはそうじゃなかった。この守護《しゅご》と地頭《じとう》を置《お》くことで、各地《かくち》を支配《しはい》して、税《ぜい》を取《と》り立《た》てられるようにしたかったんだね。それができただけでも、頼朝《よりとも》が日本《にほん》を支配《しはい》するための準備《じゅんび》ができたっていえるんだ。

平氏《へいし》をほろぼすのに活躍《かつやく》した義経《よしつね》は、頼朝《よりとも》に追《お》われる身《み》になってしまい、ついに助《たす》けられていた奥州藤原氏《おうしゅうふじわらし》に攻《せ》められて死《し》んでしまうんだ。しかも、そのあと頼朝《よりとも》は、藤原氏《ふじわらし》がそれまで義経《よしつね》をかくまっていたという理由《りゆう》で、藤原氏《ふじわらし》もせめほろぼしている。

こうして、こわい敵《てき》はいなくなり、頼朝《よりとも》に日本《にほん》じゅうの武士《ぶし》がしたがうようになっていったんだ。

武士《ぶし》が中心《ちゅうしん》の世界《せかい》がはじまる

征夷大将軍《せいいたいしょうぐん》という位《くらい》についた頼朝《よりとも》は、武士《ぶし》による政府《せいふ》といえる幕府《ばくふ》を鎌倉《かまくら》に開《ひら》いて、鎌倉《かま》時代《くらじだい》がはじまるんだよ。そのあとに続《つづ》く、室町時代《むろまちじだい》、戦国時代《せんごくじだい》、江戸時代《えどじだい》のもとになる、武士《ぶし》が政治《せいじ》の中心《ちゅうしん》となる武家社会《ぶけしゃかい》ができていったんだ。

でも、頼朝《よりとも》は、馬《うま》から落《お》ちたことがもとで死《し》んでしまった。すると、それまで頼朝《よりとも》を助《たす》けていた北条氏《ほうじょうし》が鎌倉幕府《かまくらばくふ》の中心《ちゅうしん》になっていくんだ。頼朝《よりとも》の妻《つま》は、北条氏《ほうじょうし》の政子《まさこ》。その政《まさ》子《こ》の父《ちち》の北条時政《ほうじょうときまさ》と、その子《こ》どもたちが政治《せいじ》をおこなうようになるんだね。

そして北条氏《ほうじょうし》の天下《てんか》に

そして、頼朝《よりとも》の息子《むすこ》たちがなくなってしまうと、鎌倉幕府《かまくらばくふ》は北条氏《ほうじょうし》の支配《しはい》になっていくんだ。

北条氏《ほうじょうし》の好《す》きなようにさせておけないと考《かんが》えた後鳥羽上皇《ごとばじょうこう》は「北条氏《ほうじょうし》をたおせ」って命《めい》令《れい》を出《だ》したけど、武士《ぶし》の多《おお》くは北条氏側《ほうじょうしがわ》について、鎌倉幕府《かまくらばくふ》の軍《ぐん》がこの戦《たたか》いに勝《か》っている。北条氏《ほうじょうし》を中心《ちゅうしん》とした武家社会《ぶけしゃかい》は140年《ねん》ほど続《つづ》くことになるんだよ。

武士《ぶし》が社会《しゃかい》の中心《ちゅうしん》になった

幕府《ばくふ》を開《ひら》いた源《みなもとの》頼《より》朝《とも》

征夷大将軍《せいいたいしょうぐん》となった源《みなもとの》頼朝《よりとも》は、鎌倉《かまくら》に幕府《ばくふ》を開《ひら》いて武士《ぶし》中心《ちゅうしん》の社会《しゃかい》をつくったんだ。

源《みなもとの》頼朝《よりとも》は子《こ》どものころに伊豆《いず》に流《なが》され、そこではたあげして源氏《げんじ》の大将《たいしょう》になった。どうしてそれができたかといえば、伊豆《いず》で力《ちから》をもつ北条氏《ほうじょうし》の政子《まさこ》を妻《つま》にしたから。つまり、北条氏《ほうじょうし》のバックアップが得《え》られたわけなんだ。

もうひとつは、頼朝《よりとも》が源氏《げんじ》の大将《たいしょう》だった源《みなもとの》義朝《よしとも》の跡継《あとつ》ぎだということ。平氏《へいし》を許《ゆる》せないと思《おも》っていた武士《ぶし》たちにとり、頼朝《よりとも》は新《あたら》しいリーダーとしてたよれる存在《そんざい》だったんだ。平氏《へいし》をたおした頼朝《よりとも》は鎌倉《かまくら》に本拠地《ほんきょち》をかまえ、鎌倉幕府《かまくらばくふ》を開《ひら》いた。義経《よしつね》をとらえることを理由《りゆう》に全国《ぜんこく》に守護《しゅご》と地頭《じとう》を置《お》いたことで、支配体制《しはいたいせい》を整《ととの》えたのが１１８５年《ねん》だね。

頼朝《よりとも》が征夷大将軍《せいいたいしょうぐん》に

その後《ご》、頼朝《よりとも》は１１９２年《ねん》に征夷大将軍《せいいたいしょうぐん》に任命《にんめい》されている。ずっとあとには徳川家康《とくがわいえやす》も征夷大将軍《せいいたいしょうぐん》になっているね。征夷大将軍《せいいたいしょうぐん》をかんたんに説明《せつめい》すると、武士《ぶし》の総大将《そうだいしょう》に与《あた》えられる位《くらい》なんだ。頼朝《よりとも》が幕府《ばくふ》を開《ひら》いたことで、天皇《てんのう》や貴族《きぞく》ではなく武士《ぶし》が中心《ちゅうしん》の世《よ》の中《なか》に変《か》わっていったんだよ。

幕府《ばくふ》と武士《ぶし》の関係《かんけい》は、御恩《ごおん》と奉公《ほうこう》

武士《ぶし》がいちばん鎌倉幕府《かまくらばくふ》

幕府《ばくふ》は武士《ぶし》の領地《りょうち》を守《まも》り、武士《ぶし》は幕府《ばくふ》のために働《はたら》く。この主従関係《しゅじゅうかんけい》が幕府《ばくふ》の基本《きほん》だ。

源頼朝《みなもとのよりとも》は1185年《ねん》には支配体制《しはいたいせい》を整《ととの》え、鎌倉幕府《かまくらばくふ》が成立《せいりつ》した。ただ、平氏《へいし》をほろぼしたあと、地方《ちほう》ごとに、警察《けいさつ》のような役目《やくめ》をはたす守護《しゅご》と、税《ぜい》を取《と》り立《た》てる地頭《じとう》を置《お》いたことで、日本《にほん》をまとめるための準備《じゅんび》はできていたんだ。

それに頼朝《よりとも》は、日本《にほん》じゅうの武士《ぶし》の棟梁《とうりょう》になるためにはどうすればいいかも、ちゃんと考《かん》えていた。頼朝《よりとも》は、自分《じぶん》にしたがった武士《ぶし》には、先祖《せんぞ》から受《う》けついだ領地《りょうち》をそのまま持《も》っていることを認《みと》めて、だれかに取《と》られたりしないように守《まも》ってやると約束《やくそく》したんだ。それだけじゃなく、戦《たたか》いなどで手《て》がらを立《た》てた人《ひと》には、新《あたら》しい領地《りょうち》をあたえた。これが幕府《ばくふ》から武士《ぶし》たちへの御恩《ごおん》なんだよ。

将軍《しょうぐん》に恩《おん》を返《かえ》すために戦《たたか》う

この御恩《ごおん》にむくいるために、武士《ぶし》たちは、頼朝《よりとも》のために戦《たたか》ったり、幕府《ばくふ》のために働《はたら》いたりした。これを奉公《ほうこう》っていうんだ。

御恩《ごおん》を奉公《ほうこう》で返《かえ》す、武家社会《ぶけしゃかい》ならではのしくみで幕府《ばくふ》は支《ささ》えられていたんだ。こういう

関係《かんけい》を主従関係《しゅじゅうかんけい》といって、幕府《ばくふ》と主従関係《しゅじゅうかんけい》を結《むす》んだ武士《ぶし》たちを御家人《ごけにん》っていうんだ。頼朝《よりとも》が死《し》んでしまったあと、鎌倉幕府《かまくらばくふ》と朝廷《ちょうてい》が戦《たたか》うことになったとき、頼朝《よりとも》の妻《つま》の政子《まさこ》が「頼《より》朝《とも》さまの御恩《ごおん》を忘《わす》れるのか」とよびかけると、各地《かくち》の武士《ぶし》たちは、幕府《ばくふ》に味方《みかた》するために鎌《かま》倉《くら》にかけつけた。

このときのようすが「いざ鎌倉《かまくら》」ということわざになり、「たいへんなことが起《お》こった」という意味《いみ》で、今《いま》でも使《つか》われているんだ。

鎌倉幕府《かまくらばくふ》は、全国《ぜんこく》に守護《しゅご》と地頭《じとう》を置《お》いただけじゃなく、もう少《すこ》しあとになると、京都《きょうと》には六波羅探題《ろくはらたんだい》という役所《やくしょ》を置《お》いた。これで、朝廷《ちょうてい》の動《うご》きを見張《みは》って、西国《さいごく》をおさえようとしたんだね。そのほかには、政治《せいじ》やお金《かね》のことを担当《たんとう》する政所《まんどころ》、軍《ぐん》のことを担当《たんとう》する侍《さむらい》所《どころ》、今《いま》でいう裁判所《さいばんしょ》みたいな役割《やくわり》をはたす問《もん》注所《ちゅうじょ》（*）という役所《やくしょ》を置《お》いているんだよ。

自然《しぜん》の砦《とりで》、鎌倉《かまくら》

頼朝《よりとも》が幕府《ばくふ》を開《ひら》く場所《ばしょ》として鎌倉《かまくら》を選《えら》んだのは、まわりを山《やま》に囲《かこ》まれていて、南《みなみ》には海《うみ》が広《ひろ》がっているから、敵《てき》にせめられにくいうえに、交通《こうつう》の便《べん》が悪《わる》くなかったからだっていわれているよ。

幕府《ばくふ》につかえる武士《ぶし》たちは、「いざ鎌倉《かまくら》」というときに役《やく》に立《た》てるように、日《ひ》ごろから戦《たたか》いに備《そな》えて、武芸《ぶげい》の訓練《くんれん》にはげんでいたんだ。ふだんは農村《のうそん》に住《す》んでいたけど、農業《のうぎょう》は農民《のうみん》にまかせていたんだね。

＊問注所《もんちゅうじょ》：問注所《もんちゅうじょ》は裁判事務《さいばんじむ》をするところ。裁判《さいばん》そのものは将《しょう》軍《ぐん》か評定衆《ひょうじょうしゅう》がおこなう。

源《みなもとの》頼《より》朝《とも》一《いち》族《ぞく》の悲《ひ》劇《げき》

3代《だい》で終《お》わった源《げん》氏《じ》

源《げん》氏《じ》の将《しょう》軍《ぐん》はわずか3代《だい》で終《お》わってしまった。あとを引《ひ》きついだのが北《ほう》条《じょう》氏《し》だったんだ。

源《みなもとの》頼《より》朝《とも》が征《せい》夷《い》大《たい》将《しょう》軍《ぐん》となった7年《ねん》後《ご》、頼《より》朝《とも》は、馬《うま》から落《お》ちたことがもとで53才《さい》で死《し》んでしまった。そのあとは、頼《より》朝《とも》の長《ちょう》男《なん》の源《みなもとの》頼《より》家《いえ》が将《しょう》軍《ぐん》になったけど、このとき頼《より》家《いえ》はまだ18才《さい》と若《わか》かったんだ。それで、まわりの人《ひと》たちが頼《より》家《いえ》を助《たす》けるようになって、政《まさ》子《こ》の父《ちち》の北《ほう》条《じょう》時《とき》政《まさ》が政《せい》治《じ》の中《ちゅう》心《しん》になったんだ。

それがおもしろくなかった頼《より》家《いえ》は、自《じ》分《ぶん》の味《み》方《かた》になる部《ぶ》下《か》を集《あつ》めたけれど、時《とき》政《まさ》はそれを許《ゆる》さず、頼《より》家《いえ》の部《ぶ》下《か》を殺《ころ》してしまう。その後《あと》、頼《より》家《いえ》をお寺《てら》に閉《と》じこめて、殺《ころ》してしまった。

北《ほう》条《じょう》氏《し》が実《じっ》権《けん》をにぎる

つぎの将《しょう》軍《ぐん》には、頼《より》朝《とも》の次《じ》男《なん》の実《さね》朝《とも》がついたけど、このころにはもう、将《しょう》軍《ぐん》とは名《な》ばかりのもので、幕《ばく》府《ふ》の中《ちゅう》心《しん》は北《ほう》条《じょう》氏《し》になっていた。そのうえ、実《さね》朝《とも》は、頼《より》家《いえ》の子《こ》どもに殺《ころ》されてしまい、実《さね》朝《とも》を殺《ころ》した頼《より》家《いえ》の子《こ》どもも、犯《はん》人《にん》として殺《ころ》された。

武《ぶ》家《け》社《しゃ》会《かい》の鎌《かま》倉《くら》幕《ばく》府《ふ》をつくったのは、源《みなもとの》頼《より》朝《とも》だったのに、こうして頼《より》朝《とも》の一《いち》族《ぞく》はほろんでしまうんだ。

将軍《しょうぐん》じゃないけど、いちばんえらい
幕府《ばくふ》を動《うご》かす北条氏《ほうじょうし》の時代《じだい》

源氏《げんじ》がほろびたあと、北条氏《ほうじょうし》は将軍《しょうぐん》ではなく執権《しっけん》という立場《たちば》で幕府《ばくふ》を動《うご》かしたんだぞ。

源《みなもとの》頼朝《よりとも》が死《し》んでしまい、鎌倉幕府《かまくらばくふ》では、北条時政《ほうじょうときまさ》を中心《ちゅうしん》に政治《せいじ》がおこなわれるようになったんだ。頼朝《よりとも》の長男《ちょうなん》の頼家《よりいえ》を殺《ころ》したあとは、北条氏《ほうじょうし》のやり方《かた》に反対《はんたい》する人《ひと》も出《で》てきたけど、北条氏《ほうじょうし》は、そういう人《ひと》たちをたおしていって、だれも文句《もんく》を言《い》えないようにしたんだね。

将軍《しょうぐん》にかわって政治《せいじ》をおこなう地位《ちい》を執権《しっけん》といって、この執権《しっけん》が幕府《ばくふ》を支配《しはい》していた体制《たいせい》を執権政治《しっけんせいじ》っていうんだ。

北条時政《ほうじょうときまさ》は、執権政治《しっけんせいじ》の基礎《きそ》をつくって、2代目《だいめ》の執権《しっけん》には、自分《じぶん》の子《こ》どもの北条義時《ほうじょうよしとき》がついた。執権《しっけん》になった義時《よしとき》は、政治《せいじ》やお金《かね》のことを担当《たんとう》する政所《まんどころ》と、軍《ぐん》のことを担当《たんとう》する侍所《さむらいどころ》の両方《りょうほう》の長官《ちょうかん》になり、北条氏《ほうじょうし》の執権《しっけん》としての地位《ちい》が確立《かくりつ》したんだ。

16代《だい》まで続《つづ》く執権政治《しっけんせいじ》

それから執権《しっけん》は、ずっと北条氏《ほうじょうし》によってつがれていくことになり、16代《だい》まで続《つづ》くんだ。

源《みなもとの》頼朝《よりとも》が日本《にほん》じゅうの武士《ぶし》たちをまとめる体制《たいせい》をつくっていたから、それができたんだね。

権力回復《けんりょくかいふく》をねらう上皇《じょうこう》の反乱《はんらん》

幕《ばく》府《ふ》をたおせ！　承《じょう》久《きゅう》の乱《らん》

武士《ぶし》から力《ちから》を取《と》りもどしたい後鳥羽上皇《ごとばじょうこう》は、鎌倉幕府《かまくらばくふ》に戦《たたか》いをしかけたんだ。

2代目《だいめ》の執権《しっけん》に北条義時《ほうじょうよしとき》がついたあと、このまま北条氏《ほうじょうし》の好《す》きにはさせておけないと考《かんが》えたのが後鳥羽上皇《ごとばじょうこう》なんだ。

後鳥羽上皇《ごとばじょうこう》は、京都《きょうと》の近《ちか》くや西国《さいごく》の武士《ぶし》たちを味方《みかた》にして、全国《ぜんこく》の武士《ぶし》には「北条義時《ほうじょうよしとき》をたおせ」って命令《めいれい》を出《だ》したんだ。

このとき、後鳥羽上皇《ごとばじょうこう》は、東国《とうごく》の武士《ぶし》たちも味方《みかた》につくはずだと考《かんが》えていたんだ。だけども、そこで北条政子《ほうじょうまさこ》が「頼朝《よりとも》さまの御恩《ごおん》を忘《わす》れて、朝廷側《ちょうていがわ》につくのか」と話《はな》したんだね。

東国《とうごく》の武士《ぶし》たちは、恩《おん》のある頼朝《よりとも》の名前《なまえ》を出《だ》されると結束《けっそく》を固《かた》めて、「いざ鎌倉《かまくら》」とばかりに北条側《ほうじょうがわ》の味方《みかた》についている。

大勝《たいしょう》！　鎌倉幕府軍《かまくらばくふぐん》

そして、京都《きょうと》にせめていって、朝廷側《ちょうていがわ》の軍《ぐん》をやぶると、後鳥羽上皇《ごとばじょうこう》を島流《しまなが》しにした。これを承久《じょうきゅう》の乱《らん》っていうんだよ。

後鳥羽上皇側《ごとばじょうこうがわ》についていた西国《さいごく》の貴族《きぞく》や武《ぶ》士《し》の土地《とち》も取《と》り上《あ》げて、御家人《ごけにん》に分《わ》けていることで、幕府《ばくふ》はまた御家人《ごけにん》に恩《おん》をあたえ、西《さい》国《ごく》での力《ちから》を強《つよ》めたんだね。

上皇《じょうこう》と義時《よしとき》との戦《たたか》い

幕府《ばくふ》と対決《たいけつ》、承久《じょうきゅう》の乱《らん》

◉19万《まん》の鎌倉軍《かまくらぐん》

北条側《ほうじょうがわ》の軍《ぐん》は最終的《さいしゅうてき》には19万近《まんちか》くの大軍《たいぐん》になって京都《きょうと》にせめこんだ。

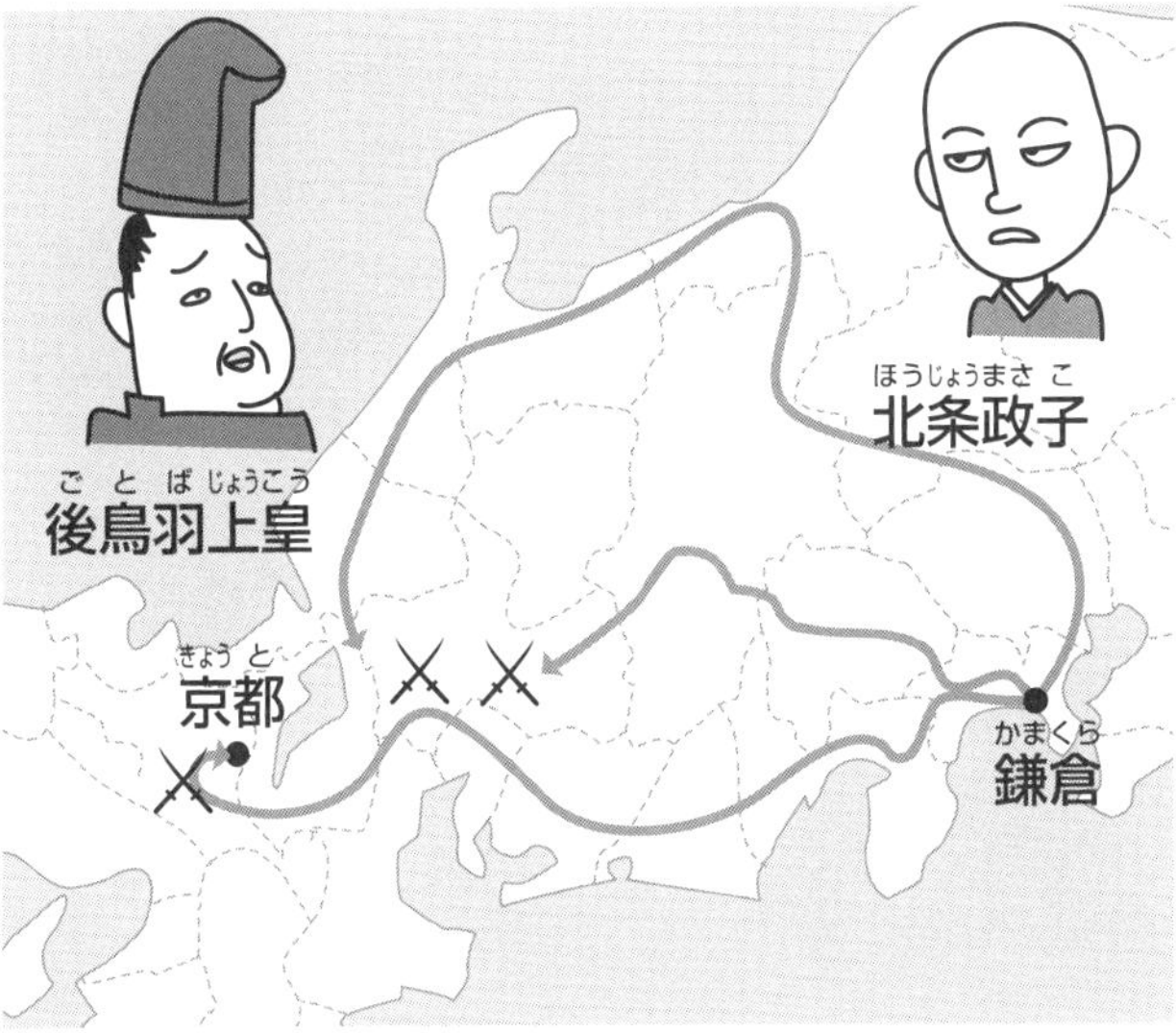

武士《ぶ し》が守《まも》らなければいけないルール

武士《ぶ し》による法《ほう》 御成敗式目《ご せい ばい しき もく》

51個《こ》のルールが書《か》かれた御成《ご せい》敗式目《ばい しき もく》は、武士《ぶ し》が武士《ぶ し》のためにつくった法律《ほうりつ》なんだ。

承久《じょうきゅう》の乱《らん》で、鎌倉《かまくら》の軍《ぐん》をひきいていたのは、2代目《だいめ》の執権《しっけん》、北条義時《ほうじょうよしとき》の子《こ》、北条泰時《ほうじょうやすとき》だった。3代目《だいめ》の執権《しっけん》になった泰時《やすとき》は、武家社会《ぶけしゃかい》におけるはじめての法律《ほうりつ》をつくっている。それを御成敗式目《ごせいばいしきもく》っていうんだ。

御成敗式目《ごせいばいしきもく》は、はじめは35カ条《じょう》だったんだけど、そのあとにも新《あたら》しいことが付《つ》け加《くわ》えられていき、51カ条《じょう》になったんだ。

武士《ぶ し》の道徳《どうとく》をもとにつくった御成敗式目《ご せい ばい しき もく》

御成敗式目《ごせいばいしきもく》では、道理《どうり》とよばれる武家社会《ぶけしゃかい》の道徳《どうとく》のようなものをもとにして、守護《しゅご》や地《じ》頭《とう》のしなければいけないことが、ちゃんとまとめられているんだよ。それに、御家人同士《ごけにんどうし》や、御家人《ごけにん》と荘園《しょうえん》の領主《りょうしゅ》の間《あいだ》で争《あらそ》いが起《お》こったときには、どうすればいいかという公平《こうへい》な基準《きじゅん》も書《か》いてある。

そのほかにも、どろぼうや放火《ほうか》をした人《ひと》をどうするかをきめておいたり、幕府《ばくふ》にだまって朝廷《ちょうてい》から位《くらい》をさずかることを禁《きん》じたりもしているんだから、幕府《ばくふ》にとっても武士《ぶし》にとっても、大切《たいせつ》な法律《ほうりつ》なんだ。

武士《ぶし》による武士《ぶし》のためのルール

武士《ぶし》の法律《ほうりつ》ができたゾ

◉武士《ぶし》の慣習《かんしゅう》や道徳《どうとく》をまとめる

御成敗式目《ごせいばいしきもく》ができるまでは、武士《ぶし》が守《まも》るべき道徳《どうとく》や今《いま》までの慣習《かんしゅう》をまとめたものがなかったんだ。

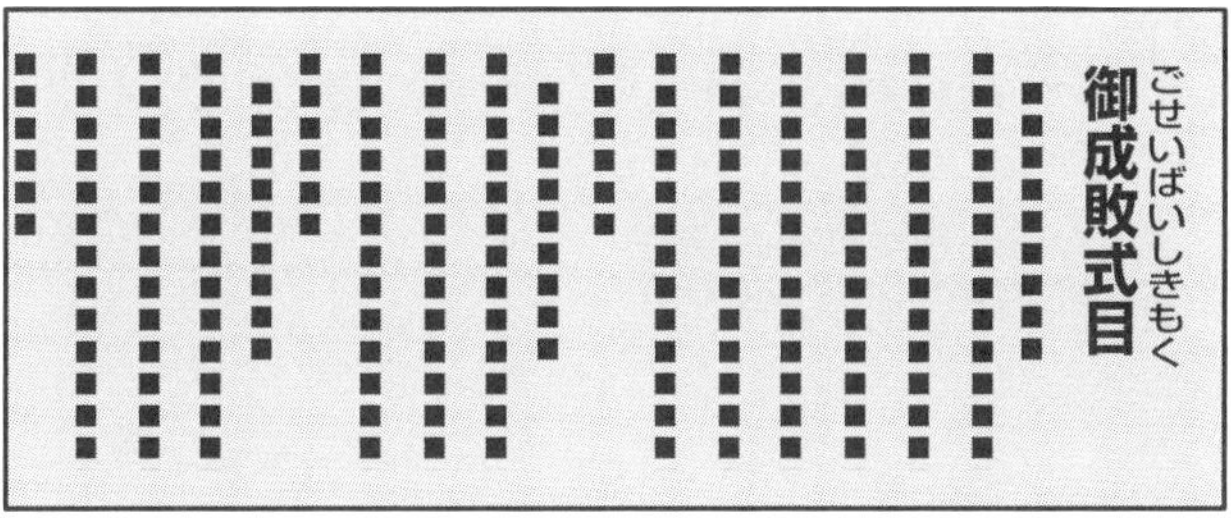

キャラクター原作／臼井儀人《うすいよしと》

監修／山田勝（代々木ゼミナール講師）
まんが／西沢あつろう
文／内池久貴、小野瀬祥子
本文イラスト／金井登、原田弘和
カバーデザイン／クラップス（佐藤かおり）
本文デザイン／株式会社 造事務所

編集・構成／株式会社 造事務所

新版《しんぱん》 クレヨンしんちゃんの まんが日本《にほん》の歴史《れきし》おもしろブック①

2017年 3 月19日 第 1 刷発行
2023年 1 月31日 第10刷発行

編集・構成／造事務所《ぞうじむしょ》
発行者／島野浩二
発行所／株式会社双葉社

〒162-8540 東京都新宿区東五軒町3番28号
［電話］03(5261)4818（営業） 03(5261)4869（編集）
http://www.futabasha.co.jp/（双葉社の書籍・コミック・ムックが買えます）

印刷所／三晃印刷株式会社
製本所／株式会社若林製本工場

ISBN978-4-575-31232-4 C8076

双葉社ホームページ http://www.futabasha.co.jp/